人類文明小百科

Les Grandes Mythologies

神 話

GEORGES HACQUARD 著

沈 堅 譯

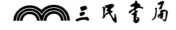

三民書局

目
次

神話和奇事

佛陀

這是一尊銅雕像（泰國，14至15世紀）。佛陀，簡稱「佛」，也就是釋迦牟尼，是個歷史人物，生於公元前6世紀。在「覺悟」（他名字的原意）後，他花了50年的時間向印度人民宣傳他的學說，形成佛教。有一次，在他苦思冥想之際，人們可能看到他的身體昇了起來，同時一圈火焰也隨即騰起，隨後是大雨滂沱。佛教傳播到了全世界，尤其是傳到了中國和日本。

4

在各種宗教中佔一席之地的神奇故事中，有些毫無疑問地屬於人類的杜撰，他們想以此對不可思議的事作解釋，或給日常生活增添些浪漫的色彩。然而，其中有些聽起來似乎也同樣神奇，但被具有各種信仰的信徒*們認為這是神所作所為的記錄，這些事情當然超乎尋常，神奇無比，但被確認為是千真萬確的。

因此，古代希臘人用兩個字來定義一篇敘述。一個字是"muthos"，意思是一篇「虛構」、一篇故事、一段憑想像的敘述，我們稱為神話。相反的，另一個字是"logos"，用來指和真人真事相關，就如歷史事實一樣的敘述。

神話——人類精神的創造物

本書所涉獵的僅局限於公認的神話，也就是被我們當代人毫無爭議地視為屬於人類精神創造物的那些傳說故事。

當然有些故事可能處在傳說和真正歷史之間，譬如，特洛伊*戰爭是一個歷史事件，由於敘述者才氣橫溢的添油加醋，變成了一段奇蹟般的歷險記，神和人共同生活在一起。

註：帶星號*的字可在書後的「小小詞庫」中找到。

奇事—宗教信條

相反的，摩西在紅海劈波斬浪與佛陀創造水和火奇蹟的形象，屬於宗教信仰的範疇。信仰將這些奇事化為信條，並在經書中得到了強化。這類聖徒傳說集*，在我們稱它們為神話集時一定要謹慎。因此，我們將在另一本涉及當今世界宗教的書裡讓給它們一席之地。

渡過紅海

畫家巴爾托羅·第·弗雷蒂的壁畫（14世紀）。希伯來人的領袖摩西（公元前13世紀）率領人民走出他們的被囚地埃及。當他們被法老軍隊追擊時，他看到紅海的水在他面前分了開來；他們一渡過紅海，水又在敵人前面攏起來。

5

古代埃及

阿蒙神

花崗岩石雕（公元前15世紀）。貌似牡羊的阿蒙神代表法老的保護神，法老站立著，背靠著他。

我們的神話故事就從古代埃及（公元前3000年至前300年）開始。

埃及歷史之初，埃及人崇拜他們國家的動物：鱷魚、公牛、貓、狒狒*、蛇、甲蟲等等。後來他們將他們的神創造為人形*，但其中許多仍然保留了動物的頭像，下面連接人的身軀，譬如，埃及的主神阿蒙·拉，有時用牡羊頭作為象徵；養育女神哈托爾頂著一顆牛的腦袋；兇狠的戰爭女神塞赫邁特長著一個獅子頭；科學之神托特則是白鸛頭*……

天地之初……

據古代埃及人說，天地之初，創世之神普塔在祂的陶車上製造了一個原始*蛋，從中孵出宇宙。天穹之神努特與大地之神格卜結合生

阿蒙·拉是複合名。在上埃及，埃及人將祂等同*於阿蒙，是他們崇拜的太陽神。在下埃及，埃及人將祂等同於拉，是他們崇拜的太陽神。法老阿美諾菲斯四世，也就是阿肯那頓（公元前14世紀在位），在他二十年的統治時期，企圖將宇宙神阿頓的太陽狀圓片奉為埃及獨一無二的宗教信仰*。

8

古代東方

托特神伴隨的奧西
利斯

墓穴畫。埃及的藝術家、
建築家、雕塑家和畫家
所關心的事情和屍體保
存者*是一樣的,最重要
的是超越肉體的消失,
保證靈魂的永恒。

育了奧西利斯和愛西斯,然後奧西利斯和愛
西斯也結為夫妻。努特和格卜還生育了塞特
和奈芙蒂斯,祂們也同樣結為夫妻。

復活之神奧西利斯的故事

奧西利斯成為國王之後,教會埃及人耕種土
地,使他們懂得文明的好處。黑暗和沙漠之
神塞特十分妒忌祂哥哥的成就,毫不猶豫地
將祂哥哥殺害了。接著祂肢解了奧西利斯的
屍體,而且把屍體的碎塊拋撒到尼羅河各處。
愛西斯在極度悲傷之中,沿著尼羅河跑遍了
全國,終於將散佈在各處的肉體碎塊全部收
集在一起。祂用綁帶將碎塊包紮起來,做成
了第一具木乃伊*。於是,祂和如此重新復原

9

愛西斯和她的兒子
荷拉斯

愛西斯女神原是母親和
養育之神,經常和牛神
哈托爾女神相混淆,她
的頭上戴飾有牛角的髮
冠。

古代東方

奧西利斯家庭三人組合像

金雕和天青石雕（公元前10世紀至前8世紀）。被稱為「奧西利斯家庭」的三人組合像：奧西利斯像（中）、愛西斯像（右）和他們的兒子鷹隼之神荷拉斯（左）。

國王的「卡」（人體複本）

鍍金木雕（公元前14世紀）。人體複本用來表示逝者的來世之身。這具和真人一樣大小的雕像，是在圖坦卡蒙墓穴的前廳中發現的，它代表十八歲英年早逝的法老。

古代東方

的奧西利斯肉體結合，生下兒子荷拉斯。荷拉斯繼承了祂父親在埃及國土上的職權*，而祂父親則成了尼羅河之神，統治冥間*。

死者審判

所有的埃及人都希望而且要求在死後能加入奧西利斯的神聖天堂。事實上，他們相信存在不朽的靈魂和死亡肉體的複本（「卡」），只要他們的屍體經過屍體保存*處理，避免腐爛後，肉體的複本可保證他們永遠存活。

　　肉體的複本一旦和肉體分離，就要接受奧西利斯的親自審判。死者由有一副狗（或豺）嘴臉的神阿努比斯引見，必須努力證明

自己在生前是清白無辜的（埃及的宗教是建立在尊重道德標準的基礎之上）。心臟被認為是人的意識棲身之處，於是心臟就被放到一架天秤的秤盤裡，在天秤的另一邊秤盤裡放著象徵正義的羽毛。如果心臟重於羽毛，死者就被交給一個長著鱷魚腦袋、在旁邊監督裁決*的魔鬼。如果羽毛重於心臟，死者就會被認定是無過錯的好人。裁決由書記官*之神阿努比斯記錄在案，並由祂公佈。

　　被證明無罪*的肉體複本將由鷹隼之神荷拉斯分管。祂會將死者隆重地帶向奧西利斯的王座前，從此死者就可以享受真福*。祭師在葬禮*上的禱詞是這樣說的：「來世不朽之身誕生之日是個吉利的日子，因為被證明無罪之身，將在奧西利斯無數的身體中得到永生。」

靈魂過秤

紙莎草卷畫。紙莎草是一種生長在尼羅河邊的植物，埃及人將它處理後，用來寫字和繪畫。上面展現的畫選自《死者之書》，這是一本指導迷信的人走向另一個世界，並在另一個世界生活的指南。

由於屍體的保存至關重要，他們就掌握了能將屍體完整保存，而不受損害的方法。但是這些方法的採用耗資巨大，只是富人的特權。「對於小人物，只需要一張牛皮；而窮人只在沙漠裡挖個沙窟窿了事……」

古代東方

底格里斯河和幼發拉底河流域

插翅的公牛

這頭長著翅膀的公牛，有一張人的臉（還有亞述人的鬍子）和一條獅子的尾巴，象徵著人的聰明、獅的力量、鷹的威嚴和公牛的繁殖力。

危險的惡魔

銅雕（公元前7世紀）。惡魔帕祖祖是空中惡神之王。

古代東方

12

迦勒底人*、亞述人*（公元前4000年至前300年）和埃及人一樣，都是多神教者*。他們崇拜自然的力量，尤其是星星的力量。他們的占星家密切地觀察星星。辛是月亮之神；沙瑪什是太陽之神；伊什塔爾是金星女神。此外，每個城市都有自己的神。這些神呈現出人的外貌，但次要*的神分為善良的神靈和邪惡的魔鬼*。善神的外貌往往是人的臉加上長著翅膀的公牛身體，惡魔卻有著令人毛骨悚然的奇形怪狀。

詩集《創世紀》講述了巴比倫*的主神馬爾都克和一支巨人的軍隊作戰，以確保祂的權力。祂的廟宇常有一座多層的方形塔（齊古拉*）相伴左右，它既是聖廟*，也是星象臺。

大洪荒

敘事詩《大洪荒》講述了這樣一個故事：眾神由於對人類不加節制的繁殖*和爭吵感到厭煩了，於是有意安排一場宇宙大災難*。不過，其中一位神事先向一個人提出了警告，勸他將「所有生命的種子」，其中包括他的家庭、農村、草原上的動物和熟練的工匠密封在一艘小船裡……這位逃過劫難的倖存者敘述說：到了第七天，暴風雨停了，海水退了，洪水不再流了……「萬賴俱靜，所有的人變

成了泥土，沼澤就像一片扁平的屋頂延伸開來……我哭了……」但是如此存活下來的生命又會在地球上重新崛起。

英雄吉爾伽美什

有一個家喻戶曉的神話，講的是一位異乎尋常的超人在全世界所創造的奇蹟，這位超人就是公元前3000年一位傳說中的國王吉爾伽美什。「地上的一切他都能看得見，他無所不知，無所不曉，他掌握了人間的一切智慧。」他曾消滅侵擾他國家的怪獸，他毫不畏懼地和天神展開大戰；他還曾從冥府*裡救回了他的戰友，並將長生不老之藥帶到人間。但是他還來不及享受這種神藥的藥效，神藥就被一條邪惡的毒蛇搶走佔為己有了。英雄吉爾伽美什就像是希臘神話英雄赫拉克利斯或是羅馬神話英雄赫丘利的兄弟。

英雄吉爾伽美什

大理石*雕，高4.3公尺（公元前8世紀）。這位美索不達米亞地區最著名的神話英雄形象多得不可勝數，一般總是和野獸對立。在這裡所呈現的形象是他將一頭獅子緊緊壓在身上，他剛剛將這頭獅子掐死。

神星

這個場面是鐫刻在一塊黑石界碑的上部，界碑的功用是為了保護地產。上面有主要的星神形象：月亮之神辛，太陽之神沙瑪什，金星女神伊什塔爾。

古代東方

波斯人的信仰

保護國王的阿胡拉‧瑪茲達

屬於大流士一世的瑪瑙圓璽（公元前6世紀）。這是蓋在封蠟上的印痕。善神以一個長翅膀的怪物形象翱翔在大王的頭上，作為他的保護。大流士頭上戴一頂王冠，站在他的戰車上，一箭射向攔在他面前的獅子。

波斯人所崇拜的是火、土、水、空氣和光等一些自然因素的許多神仙。阿胡拉‧瑪茲達是光明之神，和善良的神聯合起來反對祂的學生兄弟阿赫里曼和邪惡的神。

當波斯的國王在從地中海到印度並包括美索不達米亞和埃及這塊廣袤土地上建立巨大的帝國時（公元前558年至前332年），各國保留自己的宗教。國王——大王*只不過是各國主神的代表，譬如巴比倫的馬爾都克、埃及的阿蒙‧拉。在波斯，祂是阿胡拉‧瑪茲達的代表。

查拉圖斯特拉如是說……

從公元前7世紀起，波斯的神話用來支持一種宗教，這種宗教構思精巧，建築在道德準則之上，源自先知*查拉圖斯特拉，也稱為瑣羅亞斯德。這位先知認定，世界始終承受著善和光明的原則——阿胡拉‧瑪茲達或霍爾莫茲德與惡與黑暗的原則——阿赫里曼的永恒衝突之苦。

人能夠並且應該在戰鬥中支持霍爾莫茲德，生活中要勤勞、慷慨和忠誠。不朽的靈魂將在人死後受到審判，或被推入地獄，或被批准在霍爾莫茲德身邊等待再生。

14

《查拉圖斯特拉如是說》是德國作家弗烈德里希‧尼采哲學散文詩作的標題。在這部作品中，他闡述和發展了超人的理論。根據他的觀點，伊朗的先知*是這種超人的化身。由先知倡導的這種宗教（瑣羅亞斯德教），在他死後的幾個世紀裡被定為波斯的國教，至今仍然為印度的祆教徒所信奉。

古代東方

米特拉崇拜

對古代波斯人來說，米特拉是太陽神，是霍爾莫茲德和阿赫里曼的中間調停人，規定光明和黑暗的轉換。

　　祂在冬至這一天出生於一個山洞裡，在昇上天空之前，祂不得不在地上搏鬥和受苦。在天上，祂的使命是救助那些相信祂的神聖秘密、遵循生活道德的信徒們靈魂，也讓他們完成昇天。

阿胡拉·瑪茲達為國王加冕

巴赫拉姆一世是征服羅馬皇帝瓦勒里安的沙普爾一世的兒子。上面的場景是 3 世紀時雕刻在岩石上的，表現的是巴赫拉姆的「授職」儀式：神和國王騎在馬上，左邊的神氣度非凡，將一頂花冠遞給國王，使他成為名副其實的君王。

古代東方

海上民族

巴力神

公元前14世紀的石碑。
神的形象呈現為頭上有
前凸的角，裝備有長滿
樹葉的長矛，右手揮舞
著祂的「霹靂」，這是一
束標槍，象徵威力無比。

16

古代東方

阿斯塔爾塔女神

公元前19世紀至前18世
紀的銅雕像。阿斯塔爾
塔女神也被稱為伊什塔
爾，主愛情和戰爭。

腓尼基人的神

腓尼基人信仰一位至高無上的神，祂統治整
個宇宙。祂叫埃爾，是眾神之父。

　　就像美索不達米亞*一樣，每個城市有它
的守護神，守護神為巴力，最高女神巴力特
和祂合作。腓尼基人建立的迦太基城敬重的
神是巴力・哈蒙和塔尼特。

阿多尼斯的傳說

比布魯斯城虔誠地實行
對阿多尼斯的宗教信
仰*。根據人們的敘述，
阿多尼斯在一次狩獵
中，被一頭野豬撞倒在
地，而且被牠殺害了。
女神阿斯塔爾塔深愛著
阿多尼斯，就下到冥府，
儘管遭到地獄女神的反
對，因為祂也愛阿多尼
斯，但最後終於允許阿
多尼斯每年在一定的時
間裡回到人間。阿多尼
斯被人們尊為繁衍之
神，經過夏日極端的乾
旱後，在秋天，祂會在
信徒們的萬眾歡騰之中
重新降臨人世。

克里特女祭司

復原的釉陶雕塑（公元前18世紀至前17世紀）。克里特島人不喜歡大型的雕塑，這座雕塑只有30公分高。這尊雕塑特別使人感興趣的是優雅的服飾，它遵循某些女性的標準*（高聳的胸脯，纖細的腰，扁平的腹部）。層層疊疊的裙邊使身體的曲線顯得更加優美。

克里特島的宗教

克里特島人特別信奉一位母親之神*和一位以公牛為象徵的神。宗教信仰儀式由祭司在山洞裡和神聖的樹林裡舉行。克里特人相信靈魂再生，會在冥間*顯身，似乎有點類似埃及人的想法。

希臘神話很大一部分吸收了克里特人的傳說，尤其是關於建築家狄達爾建造的迷宮，以及這座迷宮令人恐怖的主人怪獸米諾陶洛斯。另外有米諾斯國王，傳說他是地獄的判官之一。

鬥牛圖

克諾薩斯王宮壁畫的複製品。這是一個宗教儀式*的場面，這個儀式要將一頭公牛帶上場來，有人用智慧和靈巧戰勝野獸的力量。和公牛搏鬥既需要計謀也需要靈巧。

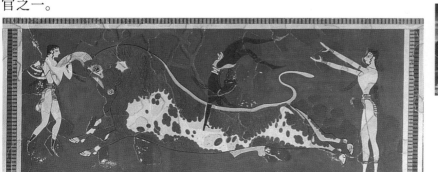

古代東方

人類的時代

面見克洛諾斯的瑞亞

大水罐（酒和水混合的瓶子）。這幅希臘水罐上的畫，人像是紅色的，背景是黑色的，它的年代為希臘的古典時期（公元前 5 世紀）。

希臘人

在所有的神話中，希臘神話對我們來說是最熟悉而且是最接近的。它為法語提供了大量的成語典故，不斷地給藝術家、作家、思想家們靈感，而且給今天科學的創造物命名，甚至汽車和洗衣粉的商標也來於此。

根據希臘的史詩，地母該亞創造了烏拉諾斯（天神）。祂按照自己的大小創造天神，以便能和自己結合。地母和天神的結合生下了泰坦人（巨人族）。 但是泰坦人的父親仇視他們，殘忍地將他們一一殺害。最後出生的是克洛諾斯，祂最後推翻了這位不稱職的父親，奪取了祂的權力。

黃金時代

然而，該亞這位「宇宙之母」已經開始在世上創造神和人類。克洛諾斯和祂的姐姐瑞亞結了婚。在克洛諾斯仁慈的統治下，世界經歷了極樂時光，那時沒有憂愁，沒有痛苦，人不會衰老。

但是，克洛諾斯擔心祂的兒子們會起來造祂的反，於是在孩子們出生時，一個接著一個將祂們吞噬了。瑞亞最後挽救了第六個，用一塊尿布包著的石頭代替祂，讓克洛諾斯吃。這個死裡逃生的孩子長大以後就是宙斯，祂成功地使克洛諾斯把祂所吞食的哥哥姐姐吐了出來，然後輪到宙斯將祂的父親從王位上趕下來，取而代之。

白銀時代

第一代人隨著克洛諾斯消失了，接著而來的一代軟弱無力，缺乏創造力，永遠擺脫不了

童年的階段。

　　泰坦族的後代普羅米修斯看到人類這樣的無能，十分著急，於是決定向人類提供可以喚醒他們勇敢和力量的珍貴元素：火。宙斯因為祂不再是唯一擁有火的人而大為惱怒，為了以儆效尤，祂決定懲罰普羅米修斯，將祂用鍊條縛在高加索山*頂上，一隻禿鷹不停地啄食普羅米修斯的肝臟。

阿特拉斯和普羅米修斯

仿希臘的義大利伊特魯里亞的圓盤。希臘人和義大利人很早就開始了器皿的商業往來。器皿上的紅底黑畫出現在公元前5世紀。面對面的是兩位泰坦神：阿特拉斯和普羅米修斯，這兩位神都受到天神的懲處。一個用肩膀頂著天，另一個遭受著貪得無厭的禿鷹的傷害。

青銅時代

由於有了火，就有了熱，有了光，就能夠熔煉金屬，鍛造武器；人變得聰明有力，自認為可以和神平起平坐。他們開始藐視道德和正義，不斷地訴諸武力和背信棄義，這就是人類的青銅時代。宙斯對此十分氣憤，決定發一場滔天洪水給這個時代劃上句號。

鐵的時代

只有一對夫婦被允許活下來：男的是普羅米修斯的兒子狄卡利翁，他的誠意足以感化他人，另一個是他的妻子皮拉。宙斯同意他們再造人類，用的材料是從大地母親身上取來的石頭。

　　如此開始了人類鐵的時代，有了歷史的時期。但是新的人類掌握技術上的一切先進工具以後，又和前人一樣，不再尊重道德和正義，世界充滿著疑慮和悲慘。人類只有重回道德社會，也許只有重返黃金時代，才有一線生機。

21

宇宙誕生的傳說和希臘神祇的系譜是希羅多德（公元前8世紀）在他長篇壯美的詩歌《神譜》中講述的。希臘神話尤其是藉由詩人和戲劇作家轉達給我們的。

希臘人

希臘諸神

希臘人創造了眾多擁有人外貌的神。祂們高大、強壯，不會死，從不生病，也不衰老。但祂們卻同時受人的情感支配，經常和人的生活糾纏在一起。人們賦予祂們無數的冒險經歷。

宙斯──最高主宰

當宙斯使祂的哥哥姐姐重見光明以後，祂授予祂們每個人權力和職權*，自己保留了最高權力，尤其是對天的掌管。祂授予波塞冬掌管大海，哈德斯分管陰間。在祂的三個姐妹：希斯提雅、希拉和蒂蜜特中，祂挑選希拉作為自己的妻子。

　　手握霹靂棒的宙斯是神世界的絕對主宰，這個神的王國是祂在希臘最高峰奧林匹亞山的山頂上建立的。為了達到這個目的，祂曾與泰坦族進行了殊死的爭戰，接著又和該亞的所有子女，也就是所謂的巨人族大戰，因為祂們妒嫉祂這位「篡位者」。宙斯戰勝了所有不服統治的勢力，使祂們對祂言聽計從以後，祂無可爭議地成了宇宙的最高調節者。

　　相對於她丈夫的威嚴，希拉也成了婦女的典範：賢妻良母。她生了戰神阿瑞斯和火神希法斯托斯。前者強壯殘忍，走遍大地挑起流血衝突；後者被禁錮在埃特納火山深處，

揮舞著霹靂棒的宙斯

紅色圖案的香水瓶（有把手的細頸長瓶）。宙斯作為全宇宙之神，尤其是上天之神，認為祂的全權來自祂對天火的擁有。獨眼巨人提供祂雷和閃電。

22

希臘人

在那裡祂將整個獨眼巨人*族培養成為鐵匠。祂雖然醜陋畸形，但卻仍有美麗的女神阿芙洛狄特做祂的妻子！

宙斯的情人

希拉是一個絕對忠誠的妻子，因此祂更難接受丈夫無數次的欺騙。宙斯卻在不同的外表下，有時是人的模樣，有時是動物或其他什麼東西的模樣，喜歡引誘仙女和女人。宙斯正是以溫順的天鵝模樣，得以靠近斯巴達*國王的妻子蕾達；以健美和寬厚的公牛形象綁架了公主歐羅巴；祂化作金雨潛入到阿哥斯*王女兒達娜伊的身邊；祂還裝扮成愛克蜜娜的丈夫安菲特里翁*蒙騙了她。

希拉用祂的仇恨和制裁*追究宙斯的征服者和她們的後代。祂設置眾多的障礙阻止蕾托的分娩，生下阿波羅和阿蒂蜜斯這對雙胞胎。祂懲罰祂年輕的女祭司伊娥，儘管宙斯將伊娥變作一頭小牛，以免遭報復；祂竭力干擾愛克蜜娜的兒子赫拉克利斯的生存。

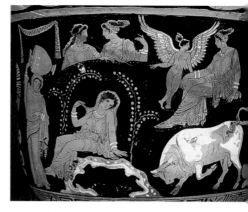

宙斯和歐羅巴公主

紅色圖案的水酒混合壺，但是上面的公牛毛被塗上白色。宙斯變成一頭身穿金光閃閃長袍的公牛，祂在美麗的腓尼基公主面前，彎下身子，鼓勵公主坐在祂的背上。祂後來將公主帶到克里特島，在那裡，公牛宙斯的形象加入克里特島的神話形象之中。

23

奧林匹亞山

雄偉的奧林匹亞山脈是神的棲身地，最高峰約3000公尺。位於希臘北部，是這個國家最高的山峰，頂部常年積雪。

希臘人

雅典娜休息

大理石浮雕，高0.60公尺（5世紀）。就像站著睡覺的戰士，雅典娜頭戴頭盔，倚著長矛在休息。祂長矛的柄支撐著祂，長矛尖插在界碑的底部，這是祂的領地雅典城的邊界。祂身穿雅典式的短褶無袖衣，在肩膀處用扣鉤固定住。織物挺拔的垂直皺褶和祂的高貴神態十分相稱。

24

希臘人

天神

在天神夫妻身邊生活的是奧林匹亞諸神。

阿芙洛狄特出生於波浪的泡沫中，是美和愛情的女神。祂在支配神和人的情感上擁有絕對的權力。祂的行動由祂的兒子愛洛斯——這位專射人心臟的弓箭手協助。

與任性和狂妄女神水火不容的是純潔的理性女神雅典娜。祂從宙斯的腦袋裡出生，出世時身披鎧甲，全副武裝。必要的時候，祂會給祂的支持者出主意，而且站在他們一邊戰鬥，但是祂更喜歡息事。祂是雅典人的保護神。雅典人後來建造供奉祂的神廟，名為「處女宮」，就是帕德嫩神廟。

和雅典娜同樣堅守貞潔的還有月亮和狩獵女神阿蒂蜜斯，祂難產於提洛島*。祂手持長弓，喜歡遍遊在阿爾卡迪亞*荒蠻的叢林之中，那裡常有大獵物出沒。在祂的周圍簇擁著一大群仙女，譬如泉之神、樹之神、山之神等。在祂出征時，祂帶著祂們，用祂嚴格的道德標準要求祂們。

阿蒂蜜斯的孿生兄弟阿波羅和祂相反，雖然具有身體和精神上的一切才賦，但對愛情之事卻一點也不敏感。祂是太陽神，同時又是音樂和詩歌之神。祂的使命是將光明帶給物質世界，也照亮撲朔迷離的前途。阿波羅的德爾菲*神諭*由皮提*來宣佈，可以解開謎底，揭開未來神秘的面紗。

在帕爾納索斯山*的山坡上，阿波羅有一座真正的宮殿，專為藝術而設。在那裡有九大繆斯神協助祂，這些繆斯神是祂利用祂們的才能為娛樂諸神所創設的：卡利歐碧掌管雄辯術，克利歐掌管歷史，埃拉托掌管詩歌，尤特碧掌管音樂，梅爾波米妮掌管悲劇，波呂米妮掌管滑稽劇，特普西蔻兒掌管舞蹈，塔莉掌管喜劇，烏拉尼雅掌管天文。

阿斯克利庇攸斯是阿波羅的兒子，是醫藥之神。祂的標誌*是神杖*，滿臉鬍子。祂的父親是不長鬍子的。在供奉祂的神廟*中，人們祭拜最多的是埃庇達爾*的神廟。

荷耳墨斯和阿波羅一樣也是宙斯的兒子，祂是眾神之王的信使，靈巧而又不知疲倦，祂也是旅行者和商人的保護神。

宙斯的另一個兒子是戴奧尼索斯，在祂出生之前，祂被埋在宙斯的一條大腿裡。在歷經了眾多艱險之後，祂成了酒神和狂歡之神，祂教會人們種葡萄釀酒。如果說阿波羅是精神和諧安寧的象徵，那麼，戴奧尼索斯是精神衝動的煽動者。祂的周圍簇擁著半人半羊的森林之神，祂們粗野、伶俐和調皮。後來，希臘人為了表示對祂的崇拜，創作了一些源自祂傳說的戲劇節目。

阿芙洛狄特和阿瑞斯

大理石浮雕。儘管祂們的職權*是相對的，但是祂們經常共同行動。阿芙洛狄特是愛神，阿瑞斯是戰神。前者受到普遍的尊敬，而後者儘管是宙斯和希拉的兒子，但是遭到神和人一致的憎惡。阿芙洛狄特和阿瑞斯是可愛和可怕的小神愛洛斯的父母。

另一個世界和它的神

哈德斯是宙斯的兄弟，是冥府*之王，那個地方是死者在地下的居所。冥王身邊是王后波賽芬妮。

正是在作為宗教儀式一部分的戲劇演出中，劇作家使人回憶起偉大的神話傳說。在整個5世紀，偉大的作品就這樣被「悲劇」詩人，譬如愛斯奇里斯、索佛克斯、優里庇底斯和喜劇詩人亞里斯多芬創造出來。

希臘人

哈德斯和波賽芬妮

還願用的陶土板（6世紀）。哈德斯和波賽芬妮出現在冥府王國，祂們王座的腳呈爪狀。兩位神的頭上都戴著王冠。女神的王冠上蓋有一塊布，右手托著一隻雞，這是祂的聖物（另一隻雞在王座下面），左手持有麥穗（祂是收穫女神蒂蜜特的女兒）。哈德斯拿著一只盆子和一束冥府的花——阿福花。在祂之前有一柄類似酒神杖的權杖，這是一根頭上頂著松果的杆子，通常是酒神戴奧尼索斯的象徵物。

26

希臘人

每個人的生死是由命運女神（希臘人稱為莫蕾，羅馬人稱為帕爾卡）所控制的。這是三位特定的紡紗女，第一位紡織生命之線，第二位延長生命之線，第三位紡斬斷生命之線。

波賽芬妮是女神蒂蜜特的女兒，祂的父親是蒂蜜特的兄弟宙斯（這樣宙斯同時是祂的父親和舅舅）。哈德斯（祂的舅舅）為了娶祂，秘密地將祂綁架了。悲痛欲絕的蒂蜜特出發去尋找，甚至不顧祂在土地上培養植物的使命，任土地一點一點地變成沙漠。宙斯對這種情況倍感焦慮，去哈德斯處調解，使波賽芬妮與祂的母親和丈夫分享時間。

自此以後，一年之中當蒂蜜特的女兒離祂而去的這段時間裡，祂讓植物休眠；而當波賽芬妮重回奧林匹亞山時，祂重新讓植物（特別是麥子）發芽。

在埃勒西斯＊對蒂蜜特的祭祀是為了探知奧秘＊，信徒祭祀的目的是詢問亡靈在冥間＊的生活是否幸福。

根據希臘人的信仰，人死後先要在神的法庭上接受審判，然後乘坐面目醜陋的卡隆所駛的小船渡過混濁泥濘的阿基隆河＊。根據

人生前的品德，被引向光明的愛麗舍樂土，或是黑暗的塔塔爾地獄。罪大惡極的罪犯在地獄遭受永久的折磨。

譬如，儘管坦塔羅斯是宙斯的兒子，但祂在一次宴會上，為了考驗諸神是否能洞察一切，竟將自己親生兒子的肉拿來給祂們吃，於是被置於一種有水解不了渴，有果子解不了餓的難忍境地。西斯弗斯由於祂惡名昭彰的褻瀆*神，得罪了宙斯，死後受罰將一塊巨大的岩石推上一個高坡，當祂快要將岩石推到頂的時候，巨石會脫手滾下來，迫使祂重新努力。達娜伊德是埃及王達娜俄斯女兒們的集體姓名，祂們在新婚之夜都將自己的丈夫刺死，死後被罰永遠在地獄中往一個無底的水槽裡注水。

河神和海神

波塞冬是宙斯的哥哥，祂統治所有的水界，包括海洋、河流和湖泊。祂手持三叉戟，或興風作浪，或撫平水流。祂居住在海洋深處，和祂同住的還有妻子安菲特里特，妻子的妹妹、「海中老神」涅柔斯美麗的女兒涅瑞伊得斯。那些半人半魚的特里東陪伴祂們左右。波塞冬將風的管理交給了祂的兒子埃俄羅斯。在西西里島附近的一個島上，順風和逆風根據埃俄羅斯的決定，或禁閉在那裡，或放向大自然。

大小河流也都是一些反覆無常的神，在希臘這個經常缺水的國度裡，希臘人十分注意博得這些河神的歡心。

波塞冬和安菲特里特

這是一塊用來鋪地的馬賽克，展示的是海中王國。它來自古羅馬（3世紀），但是我們知道，吸收了希臘神話的羅馬人經常複製希臘的畫作（安菲特里特在羅馬人的「潘提翁」*中是不出現的）。頭上戴著王冠，罩著光輪*，在兩位長著翅膀的小天使拉緊的保護紗下，祂們乘坐四匹魚尾馬拉著的車，三叉戟靠在一邊，悠閒地向前進。

27

希臘人

希臘英雄

帕修斯殺戈耳工女妖

罐頸的裝飾（7世紀）。美杜莎是三個被稱為戈耳工女妖姐妹中唯一有致命危險的，因此帕修斯向祂發起進攻。為了防止在割祂的頭時和祂致命的眼光相遇，英雄將祂的頭扭了過來。從美杜莎的血裡誕生了飛馬派克索斯，這裡的表現為馬脫離戈耳工女妖的身體。

希臘神話將那些驍勇善戰的英雄歸屬於青銅時代。他們大部分或是男神與女凡人，或是女仙與男凡人結合的產物。

他們的英雄壯舉不勝枚舉，曲折離奇。我們下面要講述其中最著名的一些故事。

帕修斯

他是阿哥斯公主達娜伊的兒子，宙斯曾化作金雨與達娜伊親近後生下他。他出生後被裝在一個箱子裡投入海中。實際上，神諭*曾宣示，阿哥斯國王將成為他外孫的犧牲品。

帕修斯被人從波濤中救起後，長大成為一位體魄強壯的青年，作好了闖蕩天下的準備。他戰勝了三位戈耳工神怪之一的美杜莎。這位神怪面目醜陋，祂有一種能力，無論誰和祂的眼光相遇就會變成石頭。從美杜莎的血中誕生了飛馬派克索斯，牠成了帕修斯的坐騎。

希臘的每個地區都有自己的英雄，他們為有這樣的英雄而感到自豪，並且以崇拜英雄為宗教信仰*：阿戈利斯對帕修斯；阿蒂卡對泰修斯；貝奧提亞對伊底帕斯；愛奧尼亞島對尤利西斯；拉科尼亞對卡斯托爾和波魯克斯；帖撒利對阿奇里斯和伊阿宋；色雷斯對奧爾菲……伯羅奔尼撒半島的英雄赫拉克利斯實際上被尊崇為全希臘的英雄。

28

希臘人

有一次，他發現安德洛柔美公主被作為犧牲品*送去滿足一條龍妖的貪婪，所以奮起打敗了龍妖，解救了公主，並娶她為妻。

有一次，他參加葬禮*運動會，命運將他祖父也引到運動會上；在扔鐵餅時，意外地將他祖父打死。

他繼承王位後，情願將阿哥斯城與提林斯*城對換，後來建立邁錫尼*城。

奧爾菲

奧爾菲的光榮不在於他的武功，而在於他具有詩人和音樂家的天賦。在他的聲音和他的琴聲魅力下，整個大自然會歸順，猛獸也會低頭稱臣。

當他深愛的妻子尤莉狄絲死後，不幸纏上了他。他用里拉琴聲表達哀婉、沉痛的感情使哈德斯深為感動，同意他下到冥府帶回他的妻子，但有一個條件：當他還沒有到達地面時，不能回頭向後看。奧爾菲未能遵守這個約定，結果尤莉狄絲立刻永遠地消失了。

奧爾菲在死者王國的旅行經歷，使一些尋找宇宙和宇宙起源新解釋的希臘人，提出關於人命運的學說，這就是神秘的奧爾菲主義。

奧爾菲彈奏齊特拉琴
4世紀的花瓶。詩人的臉充滿靈氣，穿戴色雷斯式的華麗服飾。他撥動著齊特拉琴的琴弦，這種樂器是里拉琴的改進型，由他發明，繫有九根琴弦。齊特拉琴的結構是一塊木頭發聲板嵌在兩根立柱間，兩根立柱本身的上方由一根橫檔連起來，橫檔上裝有調弦用的扳手。

29

希臘人

赫拉克利斯大戰勒拿*九頭蛇

存放香料的罐子，上面有黑色圖案（6世紀）。九頭蛇被砍下一個頭，然後馬上就會長出兩個頭來！赫拉克利斯於是想到用燒紅的木炭來對付牠（畫的下方有一只火盆），最後慢慢地將牠所有的頭燒為灰燼。

赫拉克利斯

在他出生時，赫拉克利斯就有機會展現他超人的力量。在搖籃裡，他扼殺了兩條希拉派來的毒蛇。後來證明他具有超自然能力的場合越來越多，同時伴隨的是他對諸神十分專斷甚至殘酷命令的絕對服從。

因此他被迫接受一系列的考驗，所有這些考驗都是超乎人力所及的所謂十二項「任務」。他扼死橫行於涅墨亞*地區的惡獅；他殺死勒拿*沼澤地的九頭蛇；他活捉出沒於艾瑞曼色斯山*的野豬妖怪；他生擒金角銅蹄的牝鹿；他消滅了斯廷法羅斯湖貪食人肉的怪鳥；他使兩條河流的河床改道用來清洗奧吉斯*國王的牛棚；他馴服威脅克里特島的蠻牛；他處死將自己的臣民作為食物送給他牝馬吃的戴奧米德*國王；他負責奪取亞馬遜*王后的神奇腰帶，當發現他被人出賣後，他消滅了這個國家的女武士；他俘獲長有三個身體的巨人傑律翁的牛群；他摘取赫斯珀里得斯*花園裡的金蘋果；他下到冥府*，將長有三個頭可怕的陰間看門狗舍伯洛斯帶回人間。

除了上面列舉的著名「任務」外，各種傳說中所敘述的英雄事績還有很多。

他的妻子德雅妮無意中造成了他生命最後悲劇性的結局。德雅妮派人向赫拉克利斯送去一件浸透半人馬涅索斯鮮血的上衣。涅索斯是被赫拉克利斯所殺的。他的妻子相信這樣做會保證丈夫對她的忠誠。赫拉克利斯一穿上這件上衣，就覺得自己被無法撲滅的

希臘人

大火吞噬了。在他決定了斷自己生命的時候，他親自在俄塔山*上搭了個柴堆*，讓火把他燒死。

泰修斯

泰修斯是雅典國王愛琴的兒子。愛琴國王被克里特人征服後，每年要向米諾斯國王提供童男、童女作為貢品，而這些貢品注定要成為妖怪米諾陶洛斯的美餐。米諾陶洛斯是王后帕西菲雅不合常規的愛情產物，長著人的身體和公牛的頭，被關在迷宮之中。人們一旦進入迷宮的走廊，就再也找不到出口。泰修斯加入被貢獻的童男、童女之中，成功地殺死了妖怪。多虧了米諾斯國王女兒阿莉雅娜給他的線團，而找到了宮殿的出口。

赫拉克利斯捕獲冥府之犬

三耳瓶（汲水用的瓶），上有黑色圖案（5世紀）。這幅畫畫的是赫拉克利斯的表兄、阿哥斯國王歐律斯透斯交給他完成的異乎尋常的「十二項任務」最後一項。英雄帶來了長著三個頭的冥府看門狗，國王驚恐萬分，躲進一只大缸中。

31

希臘人

泰修斯迎戰米諾陶洛斯

木罐上的紅色圖案。泰修斯先將這個長著人身和公牛頭尾的怪物打昏，然後將牠殺死。

希臘人

他曾宣佈，如果他能勝利回來，就將船上的黑帆替換成白帆。但他忘記了他的承諾，他的父王愛琴一看到象徵葬禮的黑帆，就投海自盡，於是這海就以他的名字命名（愛琴海）。

泰修斯成了雅典人的國王，而且是一位優秀的國王，他娶了米諾斯的另一個女兒費德拉。

至於米諾斯在得知阿莉雅娜的計策是迷宮建築師狄達爾出的點子後，將建築師連同他的兒子伊卡洛斯一起囚禁在他稀奇古怪的建築裡。狄達爾知道他們無法從平地逃出，於是製造了兩對翅膀，使他們可以從空中脫身。但是伊卡洛斯不小心飛近太陽，黏在肩膀上翅膀的蠟融化了，於是墜海而死。

伊底帕斯

底比斯國王拉伊俄斯從一則神諭*中得知，他的兒子將把他殺死，並娶自己的母親為妻。於是他將剛出生的兒子遺棄*了，希望他的兒子能成為野獸的獵物。但嬰兒被一個牧人救下，交給科林斯國王。這個孩子一隻腳曾被繩子捆過，因此取名為伊底帕斯（意思是腫疼的腳）。科林斯王將他收養為自己的兒子。

伊底帕斯長大成人後，德爾菲*的神諭*告訴他未來的命運。他一直把科林斯國王和王后當作自己的親生父母，於是他決定不再回去見他們了。但是當他踏上往底比斯王國的路途時，鬼使神差地逼他擺脫一個人，這個人的馬車和他的馬車正好對衝。但他不知道，他剛剛殺掉的人正是他的真正父親拉伊

俄斯國王。

在底比斯的城門口，他遇到了斯芬克斯。這是一頭獅身人面的妖怪，牠把那些猜不出牠所出謎語的行人吞到肚裡去，到處充滿了對牠的恐慌。斯芬克斯向伊底帕斯問道：「早上用四條腿走路，中午用兩條腿走路，晚上用三條腿走路的生物是什麼？」伊底帕斯知道這就是人：人的童年、人的成年和拄著拐杖的老年。斯芬克斯失敗了，牠在岩石上撞得粉碎。

伊底帕斯被底比斯人奉為救星，因此得到虛位以待的王位和王后伊卡斯特的愛情。他們結為夫妻後生了四個孩子，兩男兩女。

瘟疫開始在這地方流行，神諭*宣佈如果不查出殺害拉伊俄斯國王的凶手，瘟疫不會停止。伊底帕斯親自進行調查，結果發現了可怕的真相。伊卡斯特含羞上吊自盡，而伊底帕斯則刺瞎了自己的眼睛，在女兒安蒂葛妮的帶領下，流落他鄉。

伊底帕斯接受斯芬克斯的提問

有紅色圖案的水酒混合瓶。年輕的伊底帕斯風塵僕僕地在底比斯的城門口遇到斯芬克斯。這個怪物有女人的胸脯，長著翅膀和獅子的身體，準備提出可怕的謎語。

33

精神分析學之父弗洛伊德醫生發明了一個名詞「伊底帕斯情結」，他相信在孩子的本能中有這樣的現象：孩子對和自己異性的父母親有親近的傾向，而對和自己同性的父母親有對抗的情緒。

希臘人

歷史的傳說

遠征地圖

在這張地圖上，人們可以追尋阿耳戈英雄的踪跡和特洛伊戰爭所發生的事蹟。

我們已經在前面看到，人們對有些確定無疑的歷史事實，如「大洪荒」給予各種神話般的解釋和敘述。阿耳戈英雄的遠征和特洛伊戰爭的例子更顯得突出。

阿耳戈英雄的遠征

派里亞斯奪取了他兄弟埃宋的權力，成了帖撒利*愛奧爾卡斯王國的國王。伊阿宋是埃宋的兒子，他向派里亞斯討還他父親的權力遺產。派里亞斯表示同意，但有一個條件，就是要伊阿宋替他去取回金羊毛。金羊毛是一頭獻祭給神的公羊毛，由埃厄特斯國王保存在科爾基斯*。

希臘人

伊阿宋接受了這份挑戰。他使人建造了一艘帶帆和槳的船，命名為「阿耳戈」號(意思是快速)，招募了當時最勇敢的冒險家。其中有卡斯托爾、波魯克斯、赫拉克利斯、米利格、派琉斯、鐵拉蒙以及遊唱詩人*奧爾菲等，奧爾菲負責喊划槳的口令。

船在中途停靠了幾站，其中有幾次發展為衝突，最後遠征到達了這次航行的目的地：法瑞斯河*的入海口。伊阿宋向當地國王陳述了別人強逼他的使命。埃厄特斯國王宣佈，如果伊阿宋能通過一系列的考驗，他願意放棄金羊毛。

伊阿宋利用擁有魔法的國王女兒美狄亞出於愛情向他提供的幫助，最後戰勝了一切困難，向國王請求他該得到的獎勵。

然而國王食言了，他計畫將「阿耳戈」號船燒掉，並將船上的人全部殺死。美狄亞又馬上介入進來：她將守衛金羊毛的大龍催眠，伊阿宋獲得了金羊毛。後來美狄亞又將她弟弟的身體切成碎塊，將這些肉塊沿途拋撒，使得埃厄特斯的追兵忙於撿這些肉塊，而延誤了追逐。

就這樣，航船帶著美狄亞上路了。船向西航行，到達多瑙河的河口，然後駛入河中。後來阿耳戈的英雄扛著船在陸上行走，到達了波河，又到了隆河，順流而下進入地中海，向希臘進發。

他們需要抗拒希蓮女妖迷魂的歌聲引誘，幸好她們的歌聲不及奧爾菲的歌聲迷人。

伊阿宋將金羊毛交給派里亞斯

有紅色圖的雙耳水酒瓶。伊阿宋奇蹟似地達成所要求的任務，從難以想像的險境中生還，出現在派里亞斯國王面前，要求國王歸還他世代相傳的王位。美狄亞緊隨其後，一直保護他。他放在國王腳下的就是著名的金羊毛。

希臘人

人們習慣上將兩眼失明的詩人荷馬（公元前8世紀）看作歷史上兩篇最優美的詩篇——《伊里亞德》和《奧德賽》的作者。第一篇吟唱出特洛伊（也稱伊利翁）戰爭的跌宕起伏，第二篇有關尤利西斯（希臘姓名奧德修斯的羅馬拼寫法）從戰場返家途中遇到的千難萬險。

他們必須逃過鎮守在墨西拿海峽*的兩怪卡律布狄斯和斯庫拉對他們的加害，還得應付一次狂風暴雨和各種陰謀詭計及血腥衝突。

當伊阿宋回到愛奧爾卡斯，派里亞斯就像埃厄特斯一樣也食言了：他拒絕放棄王位。伊阿宋只好定居在科林斯。幾年以後，該國國王將自己的女兒嫁給他，伊阿宋於是背棄了美狄亞。美狄亞殘忍地將她和伊阿宋所生的孩子殺死，以示報復。

特洛伊戰爭

戰爭的悲劇是從一場選美競賽開始的。希拉、雅典娜、阿芙洛狄特去求教人世間最美的美男子帕里斯，請他指出她們三神中誰最漂亮。帕里斯選中美麗和愛情女神阿芙洛狄特，因為女神曾答應使他獲得世上最美女子的愛情來作為回報。世上最美的女子是斯巴達*國王梅涅拉斯的妻子海倫，她是由蕾達和宙斯變的天鵝所生的。帕里斯前往斯巴達綁架了美麗的海倫。

帕里斯的評判

裝飾有黑色圖案的胭脂盒（6世紀）。牧人帕里斯是國王的兒子，被安排在畫面的中間，穿戴如王子。他的周圍有三位女神，他必須從中作出困難而具悲劇性的抉擇。這個主題用來裝飾安放婦女美容用品的器皿是很合適的。

36

希臘人

帕里斯是特洛伊王普里亞姆的兒子。希臘諸王是斯巴達王梅涅拉斯的盟友，他們決定前往特洛伊，奪回海倫。邁錫尼*國王亞格曼儂被確定為這次遠征的領袖。亞格曼儂是梅涅拉斯的哥哥，他的妻子是海倫的姐姐。諸神也迫不及待地加入這場爭鬥之中，他們挑選了各自的陣營，例如阿芙洛狄特支持特洛伊，而希拉和雅典娜為了復仇就站在特洛伊的敵人一方。

出征的第一個考驗是，由於沒風，帆船無法啟航離開奧利斯港。被詢問的占卜者*告訴他們，只有將亞格曼儂的長女伊菲革涅亞獻祭*給女神阿蒂蜜斯，才能使自然風力得到恢復。亞格曼儂答應了這樣做，風吹起來了，船隊駛入大海。

希臘人將特洛伊城圍困了十年，未嚐勝果。尤其當希臘人中最勇敢，但脾氣急躁的阿奇里斯因遭受亞格曼儂的嘲弄而退出戰鬥後，情況更為困難。

然而當阿奇里斯的朋友帕特洛克羅斯在帕里斯的哥哥赫克托的長矛下身亡以後，阿奇里斯又重新拿起武器。他竭盡全力消滅特洛伊人，而且在一對一的決鬥中殺死了赫克托。

但是不久阿奇里斯也遭遇了死神。他的母親是涅瑞伊得斯族的泰提斯，在他出生之時，母親將他浸入到斯提克斯河*中，使他刀槍不入*。但是因為他母親握著的腳後跟卻未能得到神奇的沐浴*，而帕里斯的箭正好射中了他的腳後跟。

梅涅拉斯和海倫

飾有紅色圖案的雙耳尖底甕。在特洛伊令人恐怖的最後一夜，梅涅拉斯尋找到海倫。他第一個舉動是用劍威脅海倫，但姿色迷人的海倫哭訴說她是無辜的，她只不過是被諸神利用的工具而已，於是梅涅拉斯原諒了她。

37

希臘人

由於特洛伊城久攻不下，希臘人想到一定要用智取。他們建造了一匹巨大的木馬，在木馬裡埋伏了一些精兵強將。接著希臘人佯裝敗退，並使特洛伊人相信，這匹木馬是獻給雅典娜的禮物，誰保管它誰就有利。不久特洛伊人排斥了不同意見，將馬拉進他們的城裡。

夜幕降臨了，希臘戰士從藏身之處溜出來，為迅速趕到的希臘部隊打開了城門。頃刻之間，特洛伊城成了一片火海，然後在駭人聽聞的大屠殺中被毀滅了。

勝利到手了，海倫也回到梅涅拉斯的身邊，但是勝利者的返鄉卻是悲劇性的。尤其是亞格曼儂，他的妻子從來也沒有原諒他犧

尤利西斯和獨眼巨人*

1世紀一座宏偉大理石群雕的複製品，原作是公元前2世紀一座青銅雕塑的複製。獨眼巨人*族的波呂斐摩斯將尤利西斯他們囚禁起來，並用他們當中一些人的肉來填飽肚子。為了擺脫他的控制，尤利西斯和他的伙伴們決定用長矛戳向這個妖魔唯一的眼睛，將他刺瞎。

38

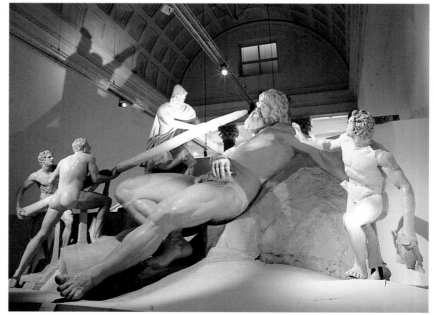

希臘人

牲*了伊菲革涅亞；當亞格曼儂回家的時候，派人暗殺了他。他的孩子伊勒克特拉和奧瑞斯特斯擔負為父親復仇的使命。

尤利西斯返鄉

尤利西斯是伊塔克*的國王，是希臘人中最機智聰慧的人，在回到他的島國和王宮之前，他在海上又飄流了十年。他不得不面對最難預料和最恐怖的不幸遭遇，尤其是被囚於獨眼巨人*族的領地。當他將波呂斐摩斯的眼睛刺瞎後，才逃脫魔掌；他又進入女魔喀爾刻的地盤，這位女魔將他的水手變成了豬；為了戰勝希蓮女妖的魔法*，他把自己綁在船的桅杆上；但是他的水手由於吃了太陽神島上的牛，船遭到宙斯的雷擊，他只好靠游泳才到達腓阿喀亞人*的島。該島國王的女兒瑙西卡迎接了這位海難倖存者，將他帶往宮中。最後他終於回到了祖國。

當他回來後（已離家二十年），　得知他的妻子潘妮洛碧正受到一群王子的騷擾，他們要求娶她，並希望得到她的家產。她徒勞地一再說道，只有當她將這塊布織完以後，才能作出婚嫁的決定，而每天晚上她將織好的布重新拆掉。她不停地受到威脅，同時受到威脅的還有她的兒子提勒瑪科斯。

尤利西斯及時趕到，殺死了那些求愛者，和潘妮洛碧相認，一起享受他們應該享受的和平生活。

尤利西斯擺脫希蓮女妖

有紅色圖案的水酒混合瓶。為了擺脫希蓮女妖的魔法，必須使划槳者聽不到她們迷魂的歌聲，尤利西斯命令其他人用塞子堵住耳朵。他自己必須保持感官的知覺，因此他把自己綁在船的桅杆上。古代的希蓮女妖呈現女人頭胸和鳥身的形象，她們邊唱邊用里拉琴伴奏。後來，在非希臘的傳說中，希蓮成了美人魚。

39

希臘人

羅馬人

羅馬諸神　———

歷史神話　———

羅馬諸神

維斯太之廟

古羅馬銀幣（公元前1世紀）。 維斯太是灶臺女神，每個城市和每個家庭都有供奉祂的神廟*。維斯太的廟宇形狀是圓的，上面罩著錐形的屋頂，使人想起羅馬人最初敞開的小棚屋形狀。

和希臘人不同，原始的羅馬人缺乏足夠的想像力來解釋宇宙，或是來講述他們諸神的冒險經歷。他們的神話是沒有幻想的神話。

國神

拉丁人在他們日常生活的各種活動中都有他們崇拜的神。最古老的是維斯太，祂是每個家庭和每個城市灶臺的保護女神。輔助祂的有保衛場院的家神和負責食品的宅神。

三位重要的神組成「三神」：薩圖恩、雅努斯、馬爾斯。

薩圖恩是土地肥沃之神，也是耕種和葡萄種植之神。

雅努斯是光明之神，光明是所有生命和人類活動的源泉。每一年的第一個月是屬於雅努斯的（西文一月這個字的字源就是雅努斯）。祂被指定鎮守大門，因此祂具有兩副面孔，一張臉面向裡面，另一張臉面向外面。祂的廟被安排在廣場*的入口處，在戰爭時期，廟門敞開，讓神能出去幫助羅馬人。

馬爾斯是植物生長之神，同時也是戰神，就如所有的羅馬人一樣，既是農民也是戰士。

伊特魯里亞人*（公元前6世紀）在羅馬確立了不同的「三神」，祂們是由朱比特、朱諾和米勒華所組成的。

42

羅馬人

朱比特是天神和雷神，人們在宣誓的時候以祂為見證者。

朱諾是光明女神，是婦女的保護神。

米勒華是智慧女神。

卡匹杜里的「三神」

這座群雕的名字源自雕像所座落的羅馬小山坡（卡匹杜林山）。每個神都有祂們的鳥類相伴：米勒華的貓頭鷹，朱比特的老鷹（部分被毀）和朱諾的孔雀。

兩面神雅努斯

金幣。雅努斯神突出的地位是門神，祂有兩張臉，一張臉向內，一張臉向外。

羅馬人

音樂家阿波羅

壁畫殘片。坐在王座上
的神準備彈奏里拉琴。
這件樂器看起來是原始
的形式:以一片龜甲作
為它的發聲板,板上固
定了兩根直棍,一根橫
檔將它們連在一起,琴
弦就繫在橫檔上(最初
是三根)。

狩獵者黛安娜

2世紀的馬賽克。身穿短
裙,腳蹬半統靴,黛安
娜拿著弓和箭跑過森
林。牝鹿是和她緊密相
連的動物。

44

羅馬人

希臘──羅馬神話

征服使得羅馬人把被征服民族的神吸收到自
己的民族中,從這些神中發現和自己國神的
共同之處,借助他們的神話。

通過伊特魯里亞人的居中轉介,他們吸
取了希臘人的宇宙起源說*,將希臘的神和拉
丁的神聯繫起來。

於是,羅馬人承認地神和天神(烏拉諾
斯)的結合生了十二個泰坦人。義大利神薩
圖恩相當於希臘神克洛諾斯,祂被兒子從天
上趕下來後,避難於拉丁烏姆*,在那裡祂使
「黃金時代」大行其道。

冥神狄斯・帕特爾採用希臘的綽號普路
同(財富), 和希臘神哈德斯相類似;哈德斯的
妻子波賽芬妮又近似伊特魯里亞人的女神普
洛塞爾皮娜。同樣的,朱比特和宙斯相似(天
神和萬能之主),朱諾混同於希拉(天神和婚
姻之神),米勒華相當於雅典娜(智慧之神)。
朱諾和米勒華分別是朱比特的妻子和女兒。

希臘──羅馬化的奧林匹亞山依然是群
神的居所, 聚集了蒂蜜特的羅馬同類刻瑞斯

（土地和豐收女神）、阿蒂蜜斯的同類黛安娜（月神，狩獵之神）、 阿瑞斯的同類馬爾斯（戰神）、 荷耳墨斯的同類墨丘利（商業之神）、波塞冬的同類尼普頓（海神）、阿芙洛狄特的同類維納斯（愛神和美神）、希斯提雅的同類維斯太（灶神）和希法斯托斯的同類伏爾甘（火神）。

至於希臘神阿波羅（太陽神和藝術之神），祂帶著祂的名字和祂的希臘個性直接進入羅馬人的潘提翁*，因為羅馬人在初期是缺乏藝術的，他們沒有可以和阿波羅相配的國神。

羅馬人和東方諸神

除了希臘神之外，羅馬人還吸收東方諸神，特別值得一提的是母神庫貝勒（相當於希臘的瑞亞），祂和兒子朱比特合作，被賦予統治整個宇宙的權力。

羅馬帝國的軍隊同樣將波斯對米特拉神的宗教祭儀*引入羅馬，甚至相信這種宗教祭儀會逐漸替代現存的其他信仰。它被用來系統地反對對耶穌基督的信仰，羅馬皇帝戴克里先是一位基督教的迫害者，他宣佈米特拉為「帝國的保護神」。

刻瑞斯

馬賽克（3 世紀）。頭上戴著穀穗帽，女神懶洋洋地躺在鮮花和植物叢中，是祂保證植物和花的生長和開放。

米特拉和作為犧牲品的公牛

大理石浮雕（2世紀至3世紀）。這裡表現出的米特拉是頭戴弗里吉亞帽*的青年男子。米特拉的使命是拯救那些得到祂奧秘*真傳者的靈魂。為了達此目的，祂要求獻祭*公牛，作為強有力的生命源泉。

45

羅馬人

歷史神話

負傷的伊尼亞斯

壁畫。伊尼亞斯在戰鬥中被受到米勒華庇護的希臘英雄戴奧米德一箭射中，他在母親維納斯的注視下正在療傷。維納斯後來也被希臘英雄打傷。在伊尼亞斯的左側是他的兒子朱爾（又名阿斯卡尼俄斯）。

維吉爾

馬賽克（4世紀）。維吉爾是古羅馬最偉大的詩人，在他的史詩《伊尼亞斯紀》（公元前1世紀）中，他講述了伊尼亞斯所經歷的千難萬險。

羅馬人

古羅馬歷史學家李維曾經這樣說過：「古代總是喜歡在城市的誕生中引入神，使城市帶有莊嚴神聖的特性。」羅馬的誕生（確定為公元前753年）就是如此，它起初來源*於著名的帕里斯評判，他判維納斯女神獲勝（在希臘是阿芙洛狄特）！

伊尼亞斯──維納斯之子

然而，維納斯沒有等這個對祂有利的裁決*到來，就將祂的好感給了特洛伊人：祂熱戀特洛伊王安奇塞斯，和他生了一個兒子，這個兒子後來成了普里亞姆國王的女婿，就是伊尼亞斯。

在整個特洛伊*戰爭中，伊尼亞斯屬於最勇敢的英雄之列。在那駭人聽聞的最後一夜，他的妻子克雷露莎不幸身亡。他看到了母親維納斯的幻影，他母親命令他帶領倖存的特洛伊人從大海逃身，以重建一個新的國家。

伊尼亞斯帶著父親和他年幼的兒子朱爾，在地中海經歷了長久的漂泊流浪後，遭到朱諾刮起的狂風巨浪的襲擊，朱諾對特洛伊人一直懷有敵意。他們的船被吹到非洲岸邊。迦太基*女王狄朵收留了這批海難者，而且和英雄共結連理。但朱比特命令伊尼亞斯再次登船上路。恭順的伊尼亞斯只好從命，他沒有再和狄朵會面，就抽身走了，失望的狄朵走向柴堆*自焚。

伊尼亞斯在義大利

伊尼亞斯在坎帕尼亞*靠岸。庫邁*的女預言家*將他帶到冥府*，在那裡他從父親（在海上的旅途中身亡）的口中得知他的後代將有光輝的未來。

他重回義大利海岸，在臺伯河口拋錨。國王拉丁努斯將自己的女兒嫁給了他。

拉丁努斯死後，伊尼亞斯繼位，他將特洛伊的神移植到拉丁的土地上。伊尼亞斯死後，他的兒子朱爾建立了阿爾伯城*，該城後來成為拉丁烏姆*的首府。

背負父親安奇塞斯的伊尼亞斯

希臘酒杯上的黑色圖案。伊尼亞斯遵照母親維納斯和幽靈赫克托的命令逃離特洛伊，他帶著他的幼子（在畫面上我們只能看到他的腿），背上背著他年老的父親安奇塞斯。

羅慕路斯和雷慕斯——馬爾斯之子

朱爾的後代有十多位在阿爾伯城繼位為王。最後一任國王名叫阿穆留斯，他篡奪了哥哥的權力，並將哥哥的女兒瑞婭‧西爾維婭獻給女神維斯太，還令她終身不嫁。

然而，馬爾斯神造訪了這位貞女*，使她成了一對雙胞胎羅慕路斯和雷慕斯的母親。狂怒的阿穆留斯將新生兒的搖籃投入正在漲潮的臺伯河中。但是搖籃在帕拉丁*山腳下擱淺了，人們看到有一頭狼受馬爾斯神的派遣

羅慕路斯、雷慕斯和狼

浮雕*。受羅慕路斯和雷慕斯父親馬爾斯神的派遣，一頭狼奇蹟般地來給雙胞胎餵奶。

羅馬人

薩賓人

路易·大衛的繪畫。18世紀的畫家就如當時革命時代許多作家和政治家一樣，常常從羅馬的傳統中得到啟示。羅慕路斯的羅馬人綁架了薩賓人的姑娘，薩賓人向羅馬人宣戰，但是薩賓姑娘趕到交戰者中間，以阻止屠殺的繼續。

48

羅馬人

拉丁和薩賓的二元性是不是可能來自於兩位雙胞兄弟創立者的傳說？但是對於歷史學家來說，似乎可以肯定的是，薩賓人將他們的法律強加給了拉丁人，而民族自尊使得羅馬想出一個對他們有利的結局。

給這兩個孩子餵奶！牧人浮斯圖盧斯親眼目睹了這個奇蹟，將雙胞胎接回自己的家中，哺養他們長大。

羅馬的誕生

當兩位年輕的兄弟得知他們的身世後，他們召集了一批同伴重新恢復他們外公的王位。後來他們決定建立一座他們自己的城市。那麼，兩人中由誰來出任國王呢？約定誰看到的鳥最多誰當國王，結果羅慕路斯獲勝；他選址在帕拉丁*山。於是他用犁開出一條溝，這條溝圍著城牆。雷慕斯為了嘲笑他，一跳就跳過溝去。為避免*類似事情的發生，羅慕路斯拔出劍來，劈開了他的腦袋，以此為戒。

羅慕路斯由此創立了一塊避難的地方，冒險者和流離失所的人聚集而來。為了使他們都能娶到妻子，他計畫舉辦了一次狂歡節，邀請相鄰的薩賓人參加。等信號出現，羅馬人衝向薩賓人的姑娘，將她們綁架了！

薩賓人向他們宣戰。但是那些薩賓姑娘卻阻擋在她們的父親和丈夫中間，懇求他們實現和平。自此，薩賓人和羅馬人結合成一個民族。

「事實、虛妄和寓言」

在整個羅馬歷史上的王政時代和共和初期，神話仍然和真實事件摻雜在一起。

女仙愛吉莉雅介入國王努馬的宗教生活組織活動中。三個荷拉斯族兄弟和三個庫里亞斯族人的故事標誌著羅馬奪取阿爾伯。將伊特魯里亞人塔爾昆*以年輕王子統治者的身份引入宮廷，則意味著伊特魯里亞人的入侵和征服。至於盧克萊西婭的悲劇：她被伊特魯里亞國王的兒子強姦，人民起來為她復仇，象徵羅馬全國起義動搖伊特魯里亞人的統治。在反對伊特魯里亞人的解放戰爭中，湧現出一些英雄事績：荷拉提馬斯‧科克萊斯獨自一人防衛大橋；穆基烏斯‧斯凱沃拉由於暗殺敵方國王失敗而將自己的手伸入火盆中；年輕的克雷利亞被抓作為人質，之後游過臺伯河而逃脫。

還有狄俄斯庫里*兄弟卡斯托爾和波魯克斯兄弟神奇地趕來增援羅馬騎兵，抵擋伊特魯里亞人的最後進攻，然後騎在他們的白馬上飛奔而去，在廣場*上向羅馬人宣佈勝利的消息！

荷拉斯之誓

路易‧大衛的繪畫。被認為是繪畫中古典主義的代表作。畫面的背景並沒有反映出這個傳說事件發生的極其原始的時代。在羅馬反對相鄰阿爾伯城的鬥爭中，荷拉斯族的三兄弟被挑選出來代表他們的祖國羅馬，在戰鬥之前，他們的父親將他們召集在一起，他們舉起手宣誓：不獲勝，寧願死。兩位婦女在一旁哭泣：其中一位是荷拉斯兄弟的姐姐，她是阿爾伯戰士庫里亞斯之一的未婚妻。高乃依在他的悲劇《荷拉斯》中還想像出，庫里亞斯族中一位姐姐是一名羅馬人的妻子。

49

羅馬人

克爾特人的神話

日耳曼人的神話

克爾特人的神話

高盧母野豬

這頭母野豬可以用作高
盧軍隊的標誌物。作為
神獸，牠和雄性的野豬
一樣，對一般人來說，
可謂美味佳肴。

公元前9世紀，來自中歐的克爾特人進入高
盧，隨後於公元前8世紀，在大不列顛和愛爾
蘭定居。

高盧人和羅馬人

定居於高盧的克爾特人是多神教者*。他們崇
拜高山、河流、樹木和動物，如馬、公牛、
野豬、熊、烏鴉、蛇等等。但是在德落伊教
祭司的控制下，他們也同樣擁有和人相似的
神。

和最初的羅馬人一樣，高盧的神沒有故
事。重要的三神是：所有高盧人的父神特塔
泰斯、戰神埃修斯和雷電雨神塔蘭。象徵豐
收或黑暗勢力的神叫做塞爾紐諾斯，模樣怪
怪的，祂的頭上長著鹿角，這是力量的象徵。

當凱撒佔領高盧時，羅馬的神話移入克
爾特人的宗教。因此，凱撒這樣寫道：「高盧
人崇拜墨丘利、阿波羅、朱比特、馬爾斯和
米勒華。他們對這些神形成的概念大體和其
他民族相同。」

相反的，對高盧女神 —— 馬和騎士的保
護神埃波娜的宗教信仰*則傳播到羅馬帝國
的其他地區，甚至遠及多瑙河地區。

52

埃波娜女神

3世紀的青銅雕塑。克爾
特人的女神，保護馬、
騎士和旅客。這裡呈現
女神騎在母馬上的形
象。

克爾特人和日耳
曼人

不列顛島上的克爾特人

和高盧人不同，大不列顛和愛爾蘭的克爾特人有自己的神話。直到基督教時代，神話豐富多彩；從5世紀開始形成結構嚴謹的同主題作品*，其中神仙和英雄混雜在一起，但沒有超自然的特徵。

不列顛史詩中的亞瑟王就是一例。亞瑟王是克爾特騎士完美的典型，這個歷史原型可能生活在5世紀或6世紀，但是他的冒險經歷又和原始傳說集*的人物相吻合。

亞瑟是由巫師梅爾林撫養長大的，他是仙境（布洛塞里安德森林）之主，他仰仗他的超能力神劍完成了超人的事績。他創立了圓桌騎士團（這種形式可以避免聚會時的衝突），許多英雄壯舉都是由他們來完成的。困擾他們的是「尋找」裝有基督寶血的聖杯。

和亞瑟同主題作品相關聯的是康乃爾國王馬克、王后伊索德和國王的侄兒崔斯坦的故事。伊索德和崔斯坦兩人偶然喝了神奇的春藥*，於是就結合在一起，這種有罪但又無法抗拒的愛情一直維持到死。

這一切經過無數中世紀詩人的重複，在法國造成了「艷情羅曼史」*的興盛，其中神秘主義*和幻想交織在一起。

將火的禮儀和葬禮聯繫在一起是克爾特人的傳統，在盎格魯－薩克森的國家，這個傳統在諸聖瞻禮節前夜和萬聖節一直保留下來。

圓桌騎士

馬克國王的同主題作品是和亞瑟王的同主題作品相連的。這幅15世紀的小彩畫是《崔斯坦羅曼史》裡的插圖，表現了亞瑟接納崔斯坦加入圓桌騎士團的情景。崔斯坦（面對我們，穿紅色服裝者）準備宣誓，要竭盡全力為圓桌騎士團爭光。

1865年，德國作曲家理查‧華格納創作了悲劇性的歌劇《崔斯坦和伊索德》。1943年，法國詩人讓‧科克托在電影《永恒的回歸》中對神話作了改編和現代演繹。

克爾特人和日耳曼人

日耳曼神話

在日耳曼人佔據的歐洲地區（斯堪地納維亞半島南部和德國北部）流行的這個神話，顯現出和相鄰民族，尤其是克爾特人和羅馬人神話的親緣關係。

太陽車

這個古樸的造型呈現出一匹拖著載有太陽圓盤的馬車，為青銅時代的作品。太陽圓盤表面包有一層金箔。

日耳曼神的世界

最初世界只有巨怪（特羅爾*），祂們是自然現象的化身。神是祂們的孩子。第一批人類根據神的意志從青草和融化的冰中誕生。

宇宙分為三個層次：神所統治的天；人類居住，但神常常到來（神都具有人的模樣）並託付給奈爾圖斯女神管理的地；由海爾女神統治的亡靈歸宿。

三位大神

北歐維京人的藝術壁毯（12世紀）。面對我們這三位頭戴帽子的是日耳曼潘提翁*中的三位大神，從左到右依次為：奧丁（獨眼，手持斧子）、托爾（拿著鎚子）和芙雷婭（手持麥穗）。

克爾特人和日耳曼人

神天生就分屬於兩大敵對的種類：一類尚武，為阿瑟眾神；另一類主張和平，為瓦恩眾神。經過長期的流血衝突，最後祂們達成妥協，希望以此擺脫巨怪的控制，因為諸神不滿巨怪的職權*。

奧丁或沃坦

阿瑟眾神之王是奧丁（在有些地區也叫沃坦），當祂的威望超過祂的兩個兄弟托爾(也叫多納爾)和提爾（也叫汀茲）之後，成為日耳曼神的主神。

祂是戰神，同時也是詩神和智慧之神。祂為了使自己更聰明，同意失去一隻眼睛。奧丁是神的居住地瓦爾哈拉殿堂的主宰，那裡同時還接納死去的武士英雄。祂的妻子是芙麗格，是豐饒女神，經常和屬於瓦恩眾神的愛情女神芙雷婭相混淆。

圍著奧丁團團轉的是瓦爾基里眾神，這是些少女神，碧眼金髮，或是侍女，或是戰士。祂們給瓦爾哈拉的賓客送上佳釀美酒；祂們決定誰會在戰場獲勝，誰能榮幸地在戰場上戰死。

如果奧丁希望一位英雄能到瓦爾哈拉作伴，祂就使這位英雄死亡。西格蒙德就是一例。奧丁給了他一把神奇的劍，他正是靠了這把劍屢建奇功。然而，在一次新的衝突中，西格蒙德遇到一位年邁但身材高大的獨眼

瓦爾哈拉殿堂

10世紀的石刻。石刻在幾個層面上表現了日耳曼神的聖所瓦爾哈拉殿堂。這是一座巨大而且裝飾富麗堂皇的宮殿，屋頂上覆蓋的是閃閃發光的盾牌，共有五百五十扇門，每扇門能同時通過八百名戰士。

55

克爾特人和日耳曼人

西古爾德在鍛造

木雕（13世紀教堂的門楣）。根據有些傳說，西古爾德是在一個森林裡由一個鐵匠撫養長大的。這裡可以看到兩個人正在鍛造格蘭姆——那把神奇的劍。

56

提爾和狼

18世紀的繪畫。狼妖芬利斯是惡神洛基的兒子，祂將勇敢威猛的提爾（書中原文為洛基，疑是提爾之誤）的手咬了下來。

克爾特人和日耳曼人

人；祂頭戴大帽，身披大衣，手持長矛，這就是奧丁。祂將祂的長矛對準了西格蒙德，而西格蒙德的劍馬上斷為幾截。西格蒙德只好聽憑他的對手發落，被殺死了。

在死之前，西格蒙德請求人們將他劍的殘片收集起來：如果他的兒子齊格飛（斯堪地納維亞稱西古爾德）將來能把劍鑄在一起，他的兒子有朝一日會取得和他一樣的成就。德國中世紀的史詩《尼布龍根之歌》講述了齊格飛超凡的事績。

另一段有關奧丁的傳說故事描寫奧丁用長矛刺中了自己，於是死去了九天，以此煥發新的青春。

托爾和提爾

羅馬人將奧丁比作他們的墨丘利，而將奧丁的兄弟托爾等同於朱比特。托爾是雷神，手持石斧作為武器，祂是日耳曼人戰士理想的典型：粗野，不知疲倦，戰無不勝。他的標誌*物是萬十字。

提爾是天神，接近於馬爾斯。祂的形象為獨臂人。事實上，祂曾大膽地將一隻手放入眾神要用鏈條鎖上的狼妖嘴裡；只聽喀嚓一聲，祂眼看著自己的手被狼咬了下來。

愛爾菲和侏儒

在瓦爾哈拉之外，有些組成社會的神秘小人，這就是愛爾菲和侏儒。

愛爾菲輕盈靈巧，常出沒於河流和森林之間。祂們愛遊戲，晚上喜歡在月光下跳舞。

侏儒臉上長滿鬍鬚，體態畸形，但聰明異常，知識淵博，生活在大山深處。祂們挖掘山坡，從中取出寶石和金銀。《尼布龍根之歌》講道，英雄齊格飛覬覦侏儒王的寶藏，他不得不降服看管和掌握寶藏、令人生畏的侏儒阿爾貝里希。

精靈的存在

最後，神秘的生命——精靈總是不斷地出現在人類的周圍。

其中有三個精靈代表了命運，直接關係到每個人的一生。這是三位紡紗女（使人想起希臘的命運女神），她們象徵過去、現在和未來。

同樣的，死人的靈魂也介入日耳曼人的生活之中，使日耳曼人感到恐怖和害怕。靈魂可以再生*，有時以動物的面貌出現，為了折磨活著的人。

北歐字母石

人們將古代日耳曼人和斯堪地納維亞人的字母稱為北歐字母，並且歸於奧丁神的創造。字母的形狀扁長，刻在木板上，這些字母和木板的纖維十分貼合。後來，字母被畫在岩石上和金屬板上。人們認為它們具有魔力。

57

克爾特人和日耳曼人

縫上嘴巴的洛基

11世紀的石刻。洛基打賭輸給了一個侏儒，侏儒刺破了祂的嘴唇，把祂的嘴縫了起來。這裡表現的就是這樣一位惡神。

洛基──日耳曼人的撒旦

洛基的名字和「火」的字根相近。這位屬於阿瑟眾神的神是《聖經》傳說中撒旦的翻版。祂的邪惡*、祂的背信棄義、祂的罪惡行徑使祂和其他的神處於敵對狀態。因此祂喜歡對神的親屬進行報復，或勾引祂們的妻子，或傷害祂們的子女。

於是，奧丁和芙麗格的兒子──智勇雙全、品德高尚的光明之神巴爾德爾就成了洛基理想的犧牲品。神、人、動物、樹木和岩石，都為巴爾德爾的死而潸然淚下。

對日耳曼人來說，神也是要死的。巴爾德爾遭受人的命運，諸神表達了祂們的哀傷以後決定要懲罰可惡的洛基，祂們用鏈條將祂鎖住。但是洛基逃脫了，投靠了巨人族，祂知道在那裡可以得到反抗諸神所需的可貴援助。

諸神的黃昏

決戰開始了。阿瑟眾神和瓦恩眾神在奧丁的指揮下聚集在一起，後面還跟隨著無數的戰士，而且得到瓦爾基里的幫助，抵抗巨人族的進攻。但在敵人的營壘中出現了那頭曾使提爾殘廢嗜血成性的惡狼。奧丁向祂猛撲過去，但是這狼妖是由巨人族變化而來的，牠張開血盆大口將眾神之父生吞了。

於是提爾出發去尋找這頭野獸，但是祂只找到野獸的遺骸，奧丁的兒子已經將牠擊

58

克爾特人和日耳曼人

《諸神的黃昏》是理查‧華格納四部曲歌劇中最後一部歌劇的標題。在這四部曲歌劇裡，華格納用劇本和音樂展示了《尼布龍根的指環》(1852–1876)傳說。

斃。但是冥府的狗向祂猛撲過來，祂和那隻狗進行殊死的搏鬥；狗被殺死了，而提爾也因傷勢過重而身亡。

另一方面，托爾遇到一條巨大的蛇拔地而起，祂也是巨人族變的，嘴裡吐著毒氣。托爾用祂的神錘砸碎了蛇頭，但是蛇毒使祂全身麻痺，倒地而死。

大神消失以後，巨人族想把宇宙改造成一個大火盆。海洋的水漫溢出來，淹沒了陸地。

然而有一天，從深淵裡誕生出新世界。新一代的神在巴爾德爾再生以後也應運而生，從朝露裡誕生了新的人類，這就是我們的祖先。從鐫刻在石頭上的北歐字母中，他們得到了世界將充滿幸福的承諾。

奧丁受到狼的攻擊

石刻（10世紀）。奧丁徒勞地揮舞著劍，抵抗嗜血成性可怕的狼，但是祂未能躲過那張血盆大嘴，被吞了下去。在奧丁頭盔的上方出現一隻和祂親近的鳥鴉。

托爾

18世紀的繪畫。托爾身材魁梧，力大無比，是日耳曼戰士的理想榜樣。錘子是祂偏愛的武器。

克爾特人和日耳曼人

斯拉夫人和芬蘭族人

斯拉夫人的神話

芬蘭族人的神話

斯拉夫人的神話

古代斯拉夫人就如我們從 6 世紀起所認識的那樣，是按部落組織的，生活在中歐和東歐廣袤的森林和湖泊之間。

由於地域遼闊，根據他們的歷史和民族特點發展出各式各樣的信仰和禮儀*，城市居民的神話比鄉村世界的要複雜一些。

自然的力量

斯拉夫人普遍認為在宇宙起源之時，存在白與黑、光明與黑暗的對抗。

大地和天空是至高無上的，是締造者和主宰。

斯拉夫女神

刺繡，俄羅斯藝術品。這位兩邊圍著兩匹馬的女神常常在俄羅斯的藝術品出現，祂是一位斯拉夫人重要的女神，名叫莫科斯，同時也被稱為萬獸之主。

持樹枝的女神

壁氈，公元前3世紀斯泰爾人的藝術品。一位女神坐在一張凳腳盤旋、靠背彎曲成矛頭的王座上，巨大的花瓣也開成長矛頭的形狀。

斯拉夫人和芬蘭族人

大地是宇宙的母親。祂嚴厲而公正，生育許多能夠消滅孽種的精靈。祂對信徒們說，在祂神秘的語言裡，人能聽到一些忠告和預言。

天空是神的父親，祂的第一批兒子是太陽和火。祂讓年長的太陽統治宇宙。

太陽居住在東方，馬車每天早晨拉著祂在一天裡完成遨遊蒼穹。在初夏，太陽和月亮結合在一起；到了冬天，祂和月亮分開，一直到來年的春天，祂又和月亮重新相聚。祂們的結合生育了星星。

太陽的周圍有兩位少女，一位是朝霞，一位是晚霞，另外還有七大行星的代表。

斯拉夫人同樣還對風表示虔敬。風是三位兄弟，祂們的脾氣或溫柔或暴躁，一位選中北方作為自己的家，另一位選在東方，第三位選中了西方。

森林和田野之神

天空一旦創造了神，一群狡猾的精靈起而反對祂的權威。天空懲罰祂們，將祂們貶到人間。

一些精靈掉在森林和河流裡，另一些掉到人住的地方。前者保留祂們好鬧事、作惡多端的天性，正是這種天性造成了祂們的失寵。另一些經過和人接觸後，失去了祂們的侵略性。當時的部落已分為家庭，祂們對收留祂們的家庭表示親善。

太陽偶像

俄羅斯藝術（公元前16世紀至前11世紀）。神的頭上發出一些光芒。

63

斯拉夫人和芬蘭族人

柱飾

斯泰爾人的銅製品。高
度：0.35公尺（公元前
5世紀）。作為燈柱的飾
品，兩個或四個相組合，
以區隔出空間，很可能
具有宗教上的目的。原
本是聽覺標記的鈴噹在
這裡添加視覺的效果。
鈴噹懸掛在鳥嘴和翅膀
上，展現出猛禽的樣態。
中央部分是神的雕像，
以一隻小鳥作為頭冠。

64

斯拉夫人和芬蘭
族人

在和日耳曼人相鄰的地區，人們崇拜一
位狩獵女神，祂手持武器，騎馬奔馳，不能
不使人聯想到羅馬人的黛安娜神。

最後，多瑙河、聶伯河、頓河等大江大
河也被人當作神，而且受到神一般的敬重。

戰神和愛神

巨型的利劍、軍旗和白馬是戰神斯維亞托維
特（也叫斯文托維特）的象徵。祂擁有預測*
的能力，手裡拿著一支盛滿酒的牛角，如果
酒淺下去了，就預示今年的收成不會太好。

祂的周圍有三位武士：持有八把劍的魯
傑維，持金盾的伊阿洛維特，以及持雙刃戰
斧*的拉迪加斯特，祂是斯維亞托維特的謀
士，是光榮和力量之神。

斯拉夫人的神話把愛神和喜悅之神作為
戰神的對立。

雅里洛是春天和豐饒之神，祂是一位美
少年，一身白色的穿戴，騎白色駿馬，手持
麥穗。這就是愛神。

庫帕拉是力量和歡樂之神，在六月份撒
著神奇的甘露。祂推出一種奇草，這草屬於
蕨類植物，可以防止心懷惡意的人採摘。

伴隨對雅里洛和庫帕拉宗教信仰*的是
野外歡快的節日，這種形式的慶祝活動一直
延續到20世紀初。

大量的斯拉夫神話後來被保留在基督教
化的《聖俄羅斯》裡。

希蓮

鍋環,斯泰爾藝術品(公
元前7世紀)。這尊體態
優雅的希蓮造型,是高
加索的斯泰爾人和居住
在黑海沿岸的希臘人保
持聯繫的證據。

有翅膀的獅子

斯泰爾藝術品（公元前
7世紀）。這尊長著翅膀
的獅子雕塑是斯泰爾人
和亞述人保持聯繫的證
據。白石的臉鑲嵌著彩
色的石子。

65

斯拉夫人和芬蘭
族人

芬蘭族人的神話

禮儀面具

木製彩繪面具（0.4公尺），裝有皮毛和羊角。祂代表一位半人半獸的神，通常冬至時在匈牙利顯身。

芬蘭族人也叫烏戈爾芬蘭人，使用同一語系的方言，他們的居住地散佈在從拉波尼亞到芬蘭，從匈牙利到伏爾加平原，直到西伯利亞這樣一塊廣袤的土地上。

他們的神話多虧了西部芬蘭族人一部卷帙浩繁的詩歌——《卡勒瓦拉》而能重建其中的一部分。這部詩歌是在19世紀藉著彙集民間的歌謠和傳說而形成的。

他們的英雄維奈摩伊寧是芬蘭人的理想典型。他用心智來對抗暴力，情願用他的歌和他的齊特拉琴來獲取勝利，而不願使用他的鐵斧。

芬蘭族人的神話世界

芬蘭族人認為在宇宙開始時有一位造物主，掌管打雷和下雨。有幾位神陪伴在祂的左右，其中一位是空氣女神伊爾瑪，生了洛諾塔爾。洛諾塔爾的名字是自然之女的意思。

這位自然之女不堪寂寞，決定結束這種狀態。祂放棄了天上的居所，下凡到海洋上。風撫摸祂，使祂受孕。

祂在波濤中顛沛流離了很長的時間（七個世紀！）才找到棲身之處。一隻老鷹尋找一塊地方放置牠的鷹蛋，看到祂在波浪中飄流的身體，於是將鷹蛋放入祂的身體裡。當鷹蛋孵出來後，這些蛋的底部變成大地，頂部

斯拉夫人和芬蘭族人

變成天空，蛋黃變成太陽，蛋白變成月亮，蛋殼的碎片變成星星。

所有的自然力都由善良的神代表：如森林、田野、平原和河流等；然而，惡神也侵擾著陸地和海洋。

至於死人的王國，是一個遙遠的世界，周圍有一條黑色的河將它團團圍住。這裡比其他地方要黑暗得多，但是樹木仍然可以生長，陽光也能射進來。統治那裡的是杜米神以及祂的妻子和女兒，祂們分別是疾病女神和痛苦女神。在死人居住地的入口處，象徵命運的魔鬼蘇爾馬會向每個接近的生靈猛撲過去。

巫師鼓

木頭和織物的製品（南西伯利亞）。被叫做薩滿的巫師持一種鈴鼓，人們認為鈴鼓裡裝著宇宙的影像。巫師在鼓聲中念著咒語，據說在鼓裡藏著神靈。

67

家神

有無數個「神靈」生活在芬蘭族人的世界裡。這尊粗糙的雕像（用木頭和織物製作）代表一位護家的神靈。

斯拉夫人和芬蘭族人

共同的基礎

新大陸是地域太廣闊了，我們甚至很難說在殖民化之前，分散在這個大陸上各地生活的居民有共同的神話。然而藉由不同的信仰，我們看到還是有許多的相似之處，甚至和埃及、希臘宗教以及《聖經》的傳說都有相同的地方。譬如大洪荒的神話傳說，關於水同時是生命的源泉又是令人可畏力量的認識，似乎是普天之下均有此說。

「美洲的」神話和其他神話一樣，都承認宇宙分成三層：上界由神掌管，中間世界由人居住，地下世界是死人的歸宿。

但是最普遍、最原始和最永恒的特徵是

野牛舞

彩繪的野牛或羚羊皮。野牛舞是印第安人中蘇人*特有的儀式。

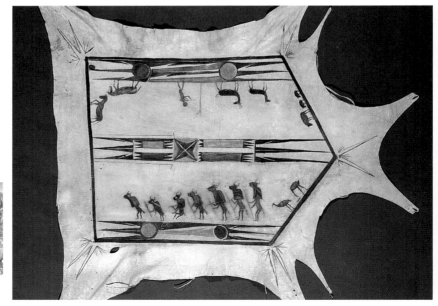

70

美洲人

實行「圖騰崇拜」。 圖騰可以是人（一位祖先），也可以是一種自然現象或是一件物品。個人或群體需要得到圖騰的庇護，就與圖騰視為一體，取圖騰的名字。為了無愧於圖騰的救助，人們對圖騰頂禮膜拜。

護身符

這件物品由工匠用骨頭和珍珠製成，是一件護身符，是用來保佑佩戴者的首飾。它由一個人和一隻鳥組成，被認為能夠發出一種神奇的力量（西北海岸的印第安人）。

圖騰柱

這座用彩繪木頭雕刻而成的柱子是由作為圖騰的動物所組成的，這些動物圖騰保護那些崇拜牠們的人。這是一件阿拉斯加印第安人的作品。

美洲人

愛斯基摩人

魔物

愛斯基摩人一直對圍繞和支配他們的各種敵對勢力有所恐懼，因此他們製作一些小飾物，以備急需時之用。這些小物是些面目醜陋的小雕塑，代表凶神惡煞。愛斯基摩人希望在和強敵戰鬥時，這些小物能助他們一臂之力（格陵蘭島）。

對於愛斯基摩人來說，宇宙是由神秘的神靈伊努亞統治的，當然伊努亞不僅賦予動物生命，而且也賦予空氣、河流、山岳、火、石頭等生命。他們佔據著天空的上部，就是在天穹之上。

保護人的動物伊努亞就成了人的「托恩加克」，也就是人的圖騰。如果這個動物是頭熊，人有幸被熊吞食，此人會再生，而且變成「昂加洛克」，也就是巫師。

「昂加洛克」深諳當代的不解之謎，而且能猜測未來，他能醫治疾病，影響天氣。因此，他們之中的一個只用了一句話就將大洪荒止住了。

伊努亞中最強大的神靈是大神托爾加薩特（善神）。在神靈的周圍群集著無數的妖魔*和鬼怪。

美洲人

海神塞德娜的神力特別重要，因為祂常常出現在風景和日常生活中。祂的無所不在，常使愛斯基摩人心驚膽戰，他們不斷地遭遇到祂的變化無常。

　　愛斯基摩人對他們的神沒有特別的宗教信仰。他們依靠巫師來獲取神的恩澤，用佩戴護身符*來避免*災禍。

飛翔的天鵝

這尊象牙雕長4公分，是一位巫師用具的一部分。它代表次要的神靈，作為墜子來佩戴（6世紀）。

豎琴的頂尖

這個頂尖是用海象牙製成的（高6公分），安置在豎琴的頂端。這尊雕像是一位幫助捕捉鯨類的小神。雕塑的臉顴骨突出，是愛斯基摩人的特徵（公元前6世紀）。

73

美洲人

「紅皮膚」的印第安人

抽長煙斗的夏延人
這位畫在布上的夏延人
正在吸著一支煙管很長
的煙斗，也叫長煙斗，
這是北美印第安人的特
徵。

森林中的印第安人

對居住在北方森林中的印第安部落來說，如
阿爾岡昆人、休倫人、易洛魁人等，他們就
如愛斯基摩人一樣，認為宇宙是由居住在天
空的神所統治的。

最高權力由大馬尼圖（主神）執掌，祂
是光明和風之神，生命之父，所有財富的分
配者。印第安人以共同抽和平及博愛的長煙
斗*形式來崇拜祂。每種自然力中隱居著一位
馬尼圖，人們應該博得他的好感。

人和動物的世界被分為四區,正好和東、
南、西、北的方位一致。每一個方位有一位
心地善良的神掌管：北方神供應雪和冰，西
方神獻上雨，南方神提供土地上的果實，東
方神送上光明和太陽。

月亮假面
印第安人一般以男人和
女人的形象來表示太陽
和月亮。這張月亮假面
是一位舞蹈者在宗教儀
式上使用的，是生活在
加拿大島嶼上的印第安
人作品。

美洲人

在太陽昇起的地方住著仁慈善良的米查波（大野兔神）。好人的靈魂可以從祂那裡享受到永恒的幸福。在大洪荒毀滅了整個世界以後，也正是祂使土地、樹木和人類恢復*了生命。

從易洛魁人流傳的一則神話，可以使人聯想到希臘神話中的波賽芬妮──大地的女兒，也是麥子之神。祂在尋找甘露時，被惡神綁架了，惡神將祂關在陰暗的地底下，直到太陽將祂解救出來，使祂回到了田野。

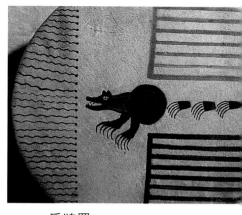

盾牌罩

這是一個用水牛皮製成的罩子，上面畫著熊，這是被認為具有超自然力的動物。盾牌罩遮擋著發自火器的子彈（從左邊射來）。這是平原印第安人的工藝品（19世紀）。

巫師

彩繪木雕，加拿大。巫師正處在如痴如醉的狀態，和神靈對話，並對神靈起作用。

草原印第安人

蘇人*和波尼人*居住在一望無際的平原上，天地相連。對他們說來，宇宙由大神掌管。大神是既無身形，也無臉形。

諸神：如太陽（最重要）、啟明星、月亮、土地、水、風、火、雷、麥等，是大神派往人間的使者。另外，仁慈的神具有動物的外表，譬如在波尼人中就是郊狼的形象，祂們幫助人類完成活動。

人死後，靈魂借道銀河*昇天。

在亞利桑那的霍皮人看來，首先由兩位神創造了動物，然後又創造了男人和女人，他們是用黏土捏出來的。

在下加利佛尼亞平原的印第安人那裡，也有大洪荒的神話。據他們說，很少的一群人躲在唯一的一塊地方而逃過了洪水的劫難。

75

美洲人

「哥倫布之前」的民族

現代墨西哥、中美洲和南美洲印第安人的神話可追溯到哥倫布和他的後繼者探險之前。這些神話表現出那裡的人對自然災害的命定性*感到焦慮。在16世紀,這些民族被西班牙和葡萄牙的征服者殖民化和基督教化了。

尤卡坦的馬雅人

馬雅人是從公元前 2000 年起出現在墨西哥南部的農業民族,他們突出地崇拜農耕*之神,這些神分管土地的豐饒。

馬雅人的潘提翁*起源於唯一的神胡納勃·庫,祂是太陽的嘴巴和眼睛,娶水神為妻。

天神和晝夜之神伊查姆納確保田地的肥沃多產,祂教會人書寫,奠定了文明的基礎,

雨神查克

瓷罐(馬雅藝術品,7世紀至10世紀)。表面用單線勾勒出查克神,祂頭髮的形狀同時象徵著向下傾瀉的雨和向天上指的雷。從祂的嘴裡伸出三顆牙。

太陽石

這座阿茲臺克人稱作太陽石的紀念物(20噸重,直徑 3.6 公尺)是日曆(受馬雅日曆的影響)和宇宙史的濃縮。有專門的祭司負責查詢太陽石,從中能得到現在和過去事實的日期以及可預見未來。

76

美洲人

而且能將健康給予病人。

查克是雨神和雷神，來自地的四方，祂向最初的人傳授了準則和農業技術。

在身懷超自然力的動物之中，美洲豹扮演重要的角色，牠是和冥府*相關聯的。

大地的惡魔

玄武岩雕石板。大地有時以惡魔的形象出現，他每天晚上將太陽吃下去（肚子裡有個圓盤），早上又將太陽吐出。

阿茲臺克人的世界

根據阿茲臺克時期（14世紀）墨西哥流行的信仰，神接連創造出幾個世界，每次都遭滅頂之災。

第一個世界形成於寶石*太陽之下，在湍急的瀑布*下消失，倖存的一些人變成了魚。第二個世界在火太陽下生成，遭火攻而亡，人變成各種動物。第三個世界誕生於黑太陽之下，但被一場地震吞噬，人葬身於野獸之腹。第四個世界出現於氣太陽之下，最後以人變成狒猴而告終。最後是第五個世界被締造出來，它經歷了大洪荒：只有一個男人和一個女人爬上山頂，逃過劫難，他們又使大地有了人煙，這塊大地就是阿茲臺克人熟知和勞作的那個世界。

阿茲臺克人的盾牌

藤編，加羽毛和黃金（15世紀）。盾牌上的形象是一頭飾有羽毛的郊狼（草原上的狼），這是盾牌擁有者——一位墨西哥國王姓名的象徵。

美洲人

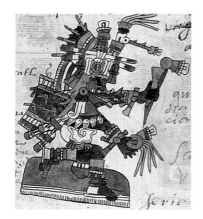

創造者——克查爾科阿特爾

16世紀的繪畫。所用的紙是以無花果樹的纖維為主要成分的。所用的顏料永不褪色，來源於植物和動物。

毀滅者——特茲卡特利波卡

翡翠小雕塑（14世紀至16世紀）。 神蹲著，打仗時的穿戴，佩戴著祂的魔鏡胸飾*，這面魔鏡能使祂知曉世上萬事。

78

美洲人

阿茲臺克人的神

阿茲臺克人崇拜許多神，當他們採用了被他們征服民族的宗教信仰後，神的數量愈加增多了。他們的神按照四個方向散佈在整個地面上。

特茲卡特利波卡（煙霧魔鏡神）居住在北區，祂曾統治了後來消失的世界中的第一個，祂是大熊星座*和夜空的象徵。祂那面黑曜岩*的魔鏡使祂能盡知人間事，不論行為還是思想都一清二楚，祂可以給予獎勵和懲罰。也正是祂設置了用人作犧牲*的制度。

克查爾科阿特爾也就是羽蛇之神，是生命的締造者和保護者，祂是土地、空氣和水的主宰。作為托爾特克人的神，祂給予他們公正的法律，使這個國家呈現黃金時代的景象。祂的臣民能夠種植穀物、掌握技術和藝術、認識星象也歸功於祂。多虧了祂，他們掌握了書寫和計時。

但是，克查爾科阿特爾對用人作犧牲品表示反對，因此激起了特茲卡特利波卡的憎恨。後者迫使前者流亡他鄉，並將祂逼上焚燒的柴堆*：但祂的心臟從化為灰燼的身體中竄出來，飛向天空，於是祂變成了金星。

威齊洛波奇特利出生時就全副武裝，祂是戰神和南方的太陽之神。祂名字的意思是南方的蜂鳥，因為祂統治這個區域。祂的一條腿裝飾著小鳥的羽毛。祂指引和保護部落的旅客。

特拉洛克是雨神，祂溫和與否依祂的脾氣而定。另一位雨神是希佩·托泰克，但祂下的是及時雨，是春天和自然復甦的主宰。

還有一位回春復甦的神，她就是美麗的享樂女神特拉索爾泰奧特爾。

西烏泰庫特利是阿茲臺克的潘提翁＊中資格最老的神（「老神」，皺紋滿面，缺牙掉齒），祂是火和灶最珍貴的保衛者。

阿茲臺克人認為，如果他們不能或不願貢獻出他們的血，宇宙就會消失。他們大部分的宗教儀式（不只是局限於對特茲卡特利波卡的宗教信仰）都野蠻地要求用活人來獻祭＊。

人死後，靈魂進入有九條河的地下居所，在那裡享受著永久的安寧。

秘魯的印加人

印加人從11世紀起就在秘魯安身立業，他們想像，在平地上昇起四重天。最高一層天是至高無上神太陽神的居住之地。

太陽以月亮為妻，在祂們周圍環繞著天上的神：雷、天穹、行星和彗星，後兩位神負責傳達神的狂怒＊。

根據印加人的說法，太陽有兩個兒子：水神維拉科查和火神帕查加馬克。維拉科查定居在的的喀喀湖＊，娶祂妹妹雨神為妻。正是祂將祂的形體給了大地，創造了人類。祂

行善者——特拉洛克

16世紀的繪畫。這是雨神和暴風雨神。特拉洛克的形象總是兩眼和牙齒前突。祂身穿短衣，準備行動。

死者女神

阿茲臺克人將因分娩而去世的婦女奉若神明，祂們在去地下的途中一直有太陽陪伴。這尊小雕塑表現的就是這樣的一位女神，祂始終淚流滿面，呻吟不已。

79

美洲人

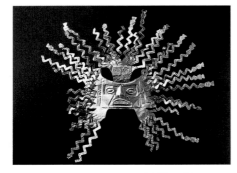

太陽面具

時間：公元前500年至公元500年。精美的金屬製品，用銅、金、鉑製成，出自赤道以北的拉托利塔島。

織物上的魔鬼

秘魯的紡織品（公元前7世紀至前4世紀）。在秘魯南海岸（帕拉卡斯）的古代工匠中，織布匠證明他們已精通紡織的所有技術。

向人類傳授了法律和農業技術。大功告成後，祂走向大海，以避開人類的視線。

帕查加馬克於是著手整理現存的世界，改造由祂哥哥所創造的人。祂使他們發現了藝術和除農業以外的其他行業。

印加人是帕查加馬克的子孫。他們以自己是太陽的後代為榮，崇拜白晝之主，但是害怕祂的憤怒，祂發怒時會通過日蝕和月蝕向他們表示。

印加人相信九泉之下*也有生命。統治暗無天日地底下的是凶神，祂是一位貪得無厭的死人收藏者。因此，為了滿足祂的貪婪，人們每年要將一些孩童獻祭給祂。

1995年，有人由於被困在秘魯一座山上的冰河中而發現了一位十三歲女孩的遺體。這位女孩跪著，周圍有許多貢品：古柯葉、陶瓷品、鍍金的雕塑等。這位小女孩在五個

80

美洲人

多世紀以前被作為犧牲品獻給了印加人的神。

巴西的圖皮南巴人

根據圖皮南巴人的說法，重要的印第安人部落定居在亞馬遜河流域，瀕臨大西洋，第一位宇宙的締造者是莫南（老神），但祂最後用水與火把自己的作品毀了。

第二位締造者是美爾·莫南（改造者），祂介入進來，傳授人們統治的學問和掌握農業技術。

但這位締造者是位嚴厲的法官，對人類的錯誤毫不留情，祂能夠將罪犯轉變為動物。於是人決定消滅祂。他們邀請美爾·莫南參加節日活動，結果祂葬身於大火之中。祂的腦袋爆炸開來，伴隨著閃光，發出了雷聲。接著祂上天空，變成了星星。

圖皮南巴人的宇宙中充滿了妖魔*、壞神或好神以及磷火*。

人死之後，靈魂被迎進天堂。在天堂裡，年輕人繼承老年人，樹木花草自然生長。

圖皮南巴人也講述許多有關大洪荒的傳說。有一對孿生兄弟，一個好，一個壞，他們的激烈爭吵引發了超自然泉水的突然噴湧和泛濫成災。在洪水中，除了這兩兄弟以及他們的妻子外，整個人類消失了。倖存下來的兩個家庭重新繁衍建立人類世界：作為兩兄弟的反映，世上兩派人不停地對抗。

森林之神

印第安人將神表現為人的外貌。這對森林之神站在家門前，祂們房子的屋頂有兩個斜面。

81

美洲人

非洲和

大洋洲的神話

非洲和大洋洲的神話

豐饒女神

木頭和纖維製品（幾內亞）。這位女神胸脯裸露，腰纏寬鬆的稻草圍裙。

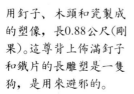

魔獸

用釘子、木頭和瓷製成的塑像，長0.88公尺（剛果）。這尊背上佈滿釘子和鐵片的長雕塑是一隻狗，是用來避邪的。

非洲和大洋洲

地區、人種*、語言和風俗的多樣性產生各式各樣的信仰和神話。

然而，對於這些眾多的民族來說，神話和宗教的邊界是敞開的。因此，十分特殊的是，把神靈看作是操縱人所不能駕馭的力量那種萬物有靈論仍然根深蒂固。儘管有伊斯蘭教、基督教和科學對這種原始認識的衝擊，情形還是如此。

黑人非洲的神話

十分普遍的情形是，非洲信奉一個至高無上的神，祂是宇宙和人的締造者（用不同顏色的黏土造人，這就是為什麼人有不同膚色的原因）。有一個生性惡毒的神和祂作對。

為了最有效地抗拒巫術*，非洲人製作了木頭的吉祥物*，崇拜它們，尋求它們的幫助。他們還求助於萬能的巫師，巫師懂得如何使敵對勢力就範，並向他們的信徒分發護身符*和類似護身符的東西。

許多人相信靈魂可以從一個肉體轉生*到另一個肉體（靈魂轉生）。先祖的靈魂特別受到敬重。根據馬達加斯加人的說法，正是祖先的靈魂確保了活人和至高無上神的聯繫。

大洪荒的主題出現在所有非洲的神話中。剛果人敘述，在大洪荒後，人都變成了猴子，災難以後接著出現的是新的創造。

禮儀之冠

這頂婦女的帽子上豎著兩個小人像，這似乎是佩戴者的丈夫（新赫布里底島）。

大洋洲的神話

島和群島上的居民認為，世界之初是大海和藍天。地從海裡昇上來。大批的神生活在陸地上。根據地方的不同，對一些神的稱呼是有區別的。

這些神或是沒有物質形體純粹的神，或取人和動物的模樣，還可能是石頭和大氣現象*，也還有可能是龍和其他怪物。

最流行的信仰是，神是永恒的（沒有起源），或是永恒之神的後代。

認為有至高無上的神統治宇宙的觀念並不流行。每個神有祂自己的角色和部門，祂可以和個人有關，也可以和一個部落相關，也可以和人類的活動相聯繫，如農業、漁獵和戰爭。波利尼西亞人*的主神（祂有多重身份）是唐加洛，第一批人的締造者，大洪荒後人的再造者。

人的靈魂是不朽的。在人睡的時候靈魂會和身體分離，在人死後離開身體就一去不回。另一個世界在西方，那是太陽消失在大海和陸地裡的地方。

創世神

木雕，1.13 公尺（法屬波里尼西亞）。這位神正在締造神和人：在祂的身上，祂的創造物姿態體位各異。

85

非洲和大洋洲

關於埃及的斯芬克斯

在吉薩著名的斯芬克斯是在一片岩石頂部鑿出來的，靠近海夫拉法老的金字塔。它表現一頭巨型的臥獅，長70公尺，高20公尺。它的臉與海夫拉法老的模像相似（斯芬克斯一詞的原意），守衛著太陽神廟的入口。

（埃及的斯芬克斯和希臘傳說中伊底帕斯所遭遇的斯芬克斯沒有絲毫共同之處。）

關於巴比倫的齊古拉

《聖經》記載，在大洪荒以後，人類決定向天上攀登。因此，他們建造了一座巨型的塔，就是巴別塔。（希臘神話中也有類似的敘述，泰坦巨人為了佔領奧林匹亞山，將皮利翁山和奧薩山一座座疊起來。）神對傲慢人類的懲罰是，將他們的語言混淆起來，使他們彼此不能理解。事實上，巴別塔不過是巴比倫的齊古拉罷了。

補充知識

+SCS BALTHASSAR +SCS MELCHIOR +SCS GASPAR

關於東方博士

〈馬太福音〉記載，東方的占星家對一顆星的位移感到驚奇，就在耶穌誕生後的幾天去拜謁新出生的耶穌。人們稱他們為博士王。我們現在還在一月主顯節（該詞的意思就是顯身的意思，指的是耶穌在博士面前出現）時，保留了吃博士王餅的傳統。

人們認定這些博士來自波斯，在那裡占星術得到特別的榮譽，占星博士組成特權集團（後來發展為一個特權種性）。人們給予他們「王」的稱呼，這是源自一首聖詩，詩中說「來自遙遠國度的國王們拜見」孩子。到了5世紀，有了三博士這個數目；到了8世紀，人們給三博士起了名字（美爾肖、巴爾塔扎爾、加斯帕爾得）；而到了15世紀，人們又賦予他們每人一種顏色（白、黑、黃），象徵人類全體。

若干神話國度

88

伊甸園是人間天堂，上帝使我們的祖先亞當和夏娃居住在那裡。根據《聖經》記載，伊甸園地處「東方，上帝在那裡的土地上種了各式各樣美麗的樹，樹上的果子很好吃。一條河流經伊甸園，灌溉著園中的樹木。河流從伊甸園出來後分成四條支流：……第三條是從亞述城的東邊流過（底格里斯河），第四條是幼發拉底河。」

因此《聖經》將伊甸園精確定位在美索不達米亞，歷史學家也承認《聖經》的敘述：「把美索不達米亞讚美為人類要征服和安身的大花園（這是伊甸一詞的原意）。」

阿特蘭提斯是塊仙境般的大陸，希臘人確定它在南大西洋。在波塞冬的統治下，那裡建立了一些富庶美麗的城邦，居民過著黃金時代那種幸福的生活。

阿特蘭提斯是否確實存在過？是否真如古代人所描述的那樣，在一場大災難後沉入了海底？一些地質學家儘管對它的地理位置意見分歧，但是對上面的問題都持肯定的態度。例如，火山學家哈盧恩·塔吉夫傾向於認為，阿特蘭提斯不在大西洋，而是在現在的克里特海。造成大災難的火山就是桑托林島的塞拉山。

埃爾多拉多（鍍金者）是個夢幻般的地方，西班牙的征服者確定它為現在的哥倫比亞。那裡的城市是用金子鋪地的，房子是用金子造的，而國王全身披金。這個傳說來自那裡的一種習俗：每年，首領身體上塗上金粉和黏土的混合物，乘船前往聖湖，在那裡傾倒大量貴重的貢品。

神話給現實帶來困難：哥倫比亞政府在1965年不得不宣佈這些地方為國家文化保護遺產，以避免貪得無厭的淘金者盜挖。

補充知識

參考書目

Fernand Comte,《神話中的眾神》(*Les Grandes Figures mythologiques*)***, Bordas, 1995.

Georges Hacquard,《希臘羅馬神話指南》(*Guide Mytho-logique de la Grèce et de Rome*)***, Hachette, 1990.

Jean-Pierre Hammel,《人和神話》(*L'Homme et ses mythes*)***, Hatier, 1994.

百科全書類

A. Eliot（主編），《神話奇妙世界》(*L'Univers Fantas-tique des mythes*)**, Presse de la Connaissance, 1976.

Roy Willis（主編），《世界神話》(*Mythologies du monde entier*)**, Bordas, 1994.

期刊

《少年考古》(*Archéo Junior*) ****, 月刊（七至十四歲）

《我們的歷史》(*Notre Histoire*) ***, 人類的宗教紀念，月刊

《考古》(*Archéologia*)**

註：本書從Gallimard出版的叢書《形式世界》(*L'Uni-vers des formes*) 和 Larousse 編輯的《神話總攬》(*La Mythologie générale*)獲益匪淺。

視聽資料
CD片

戲劇

片集：《有聲百科》(*L'Encyclopédie sonore*), Auvidis:

Corneille,《荷拉斯》(*Horace*) *

Racine,《安德洛瑪刻》(*Andromaque*)*
《伊菲革涅亞》(*Iphigénie*)**
《貴德拉》(*Phédre*)**

歌劇（EMI發行）

Purcell,《狄朵和伊尼亞斯》(*Didon et Énée*)**

Gluck,《奧爾菲和尤莉狄絲》(*Orphée et Eurydice*)**

Offenbach,《在冥府的奧爾菲》(*Orphée aux Enfers*)*
《美麗的海倫》(*La Belle Hélène*)**

錄影帶

影集：Edwige Kertès (SECAM),《羅浮宮的傳說和故事》(*Contes et Légendes du Louvre*)****

光碟

影集：《國家博物館總匯》(*Collection de la Réunion des Musées nationaux*)**

這樣的片集和光碟將會越來越多。

電影

Howard Hawks,《法老的國土》(*La Terre des Pharaons*) ***

Don Chaffey,《伊阿宋和阿耳戈英雄》(*Jason et les Argonautes*)***

Pietro Francisci,《赫丘利的偉業》(*Les Travaux d'Hercule*)**

Michael Cacoyannis,《伊菲革涅亞》(*Iphigénie*)**

Pier-Paulo Pasolini,《伊底帕斯王》(*Œdipe roi*)*

Geoges Tzavellas,《安蒂葛妮》(*Antigone*)*

Mario Camerini,《尤利西斯》(*Ulysse*)***

Fritz Lang,《尼布龍根》(*Les Nibelungen*) (N. B.)**

W. Reitherman,《巫師梅爾林》(*Merlin l'Enchanteur*) ***, 卡通片

R. Thorpe,《圓桌騎士》(*Les Chevaliers de la Table*)**

Éric Rohmer,《威爾士人帕西瓦爾》(*Perceval le Gallois*) **

Carlos Saura,《埃爾多拉多》
(El Dorado)*

R. Leblanc,《丁丁和太陽神廟》(Tintin et le Temple du Soleil)****, 卡通片

活動

模型

尤斯榜模型 (Maquettes Usborne)***

廟宇的秘密 (Secrets des temples)***, （知識遊戲）, Gallimard Jeunesse

集郵

建議: 收集有關神話的專題郵票****

參觀博物館

巴黎:
羅浮宮博物館(Musée du Louvre)
奧塞博物館(Musée d'Orsay)
人類博物館 (Musée de l'Homme)
非洲和大洋洲藝術博物館 (Musée national des Arts africains et océaniens)

法國和國外的每個城市，都以能擁有一個或多個與城市變化習習相關的博物館為榮。參見博物館指南。
「法國博物館和國民教育博物館」(Les Muséums de France et les Musées de L'Éducation nationale)***, 載《少年考古》月刊, 1996.

註: **** 表示適合七歲以上的人閱讀或觀賞
    *** 表示適合六歲以上的人閱讀或觀賞
    ** 表示適合四歲以上的人閱讀或觀賞
    * 表示適合三歲以上的人閱讀或觀賞

補
充
知
識

本詞庫所定義之詞條在正文中以星號 (*) 標出，以中文筆劃為順序排列。

二　劃

九泉之下(outre-tombe)
人死後的去處。

人形(effige)
模擬人的形象。

人種(ethnies)
擁有共同特性的人類整體。

刀槍不入(invulnérabilite)
一種不會受傷的狀態。

三　劃

大王(Grand Roi)
希臘人給波斯國王的稱號。

大災難(fléau)
人類的大災禍。

大氣現象(météore)
在大氣中突發的現象。

大理石(albâtre)
一種晶瑩潔白的石料。

大熊星座(Grande Ourse)
由七顆亮星組成的星座，在北極天穹附近。

女預言家(sibylle)
能夠保證轉達神諭(參見此詞條)的女祭司。

四　劃

巴比倫(Babylone)
地處美索不達米亞下方，瀕臨幼發拉底河的城市。它建於公元前2300年，曾是美索不達米亞地區的文化和宗教中心，後來成為被亞歷山大征服的亞細亞文化和宗教之都。

方言(dialecte)
在局部地區使用的語言。

木乃伊(momie)
用防腐物質處理過，並用紗布裹纏起來的屍體。

五　劃

半人馬(centaure)
上身為人，下身為馬的奇異怪物。

占卜者(devin)
擁有預測未來能力的人。

巨怪特羅爾(trolls)
斯堪地納維亞神話中的巨大妖怪，祂們能夠變成侏儒那麼小。挪威人曾將特羅爾這個名稱用來稱謂一座特大的海面鑽井平臺，這座石油平臺的天然氣可供整個歐洲使用五十年。

布洛塞里安德(Brocéliande)
不列顛神奇的森林（就是現今的潘彭森林，位於法國的伊爾·維蘭省）。

弗里吉亞帽(bonnet phrygien)
弗里吉亞（小亞細亞西部）地方的人所戴的傳統帽，後來被法國大革命中的「無套褲漢」採用。

母親之神(déesse-mère)
主生殖的女神。

白鶚(ibis)
一種涉禽類鳥，嘴細長而彎曲，腿長，生活在水邊。

皮提(Pythie)
在德爾菲宣佈阿波羅神諭的女祭司，那個地方後來稱為皮托，源自被阿波羅殺死的巨蛇皮松的名字。

六　劃

伊特魯里亞人(Etrusques)
來自亞洲的民族，公元前8世紀佔領了義大利中部（托斯卡那），公元前6世紀成為羅馬的主人。

伊塔克(Ithaque)
愛奧尼亞海的島嶼，近希臘海岸。

光輪(nimbe)
罩在頭上閃閃發光的圓圈。

先知(prephète)
具有神性說預言的人。

再生(se réincarner)
人死之後，以新的身體形態重新出現。

吉祥物(fétiche)
被認為可以帶來幸福的物品和動物。

同主題作品(cycle)
涉及同一主題的全部文學作品。

多神教者(polythéiste)
相信世上有許多神的人（反義為一神教者）。

宇宙起源說(cosmogonie)
關於宇宙形成的神話傳說。

安菲特里翁(Amphitryon)
底比斯國王，愛克蜜娜的丈夫。

托爾特克人(Toltèques)
統治墨西哥中部地區直至12世紀的印第安人（首都：圖拉）。

次要(subalterne)
在他人之下。

艾瑞曼色斯山(Érymanthe)
伯羅奔尼撒半島中部樹木繁茂的高山。

七 劃

坎帕尼亞(Campanie)
義大利南部地區，在拉丁烏姆(參見此詞條)之南，瀕臨第勒尼安海。

妖魔(démon)
影響個人和群體命運的精靈（基督教給予它特殊的含義：魔鬼）。

巫術(maléfices)
不懷好意施行的魔法。

沐浴(ablution)
宗教為了淨化人的信仰而對身體的清洗。

狄俄斯庫里(Dioscures)
在文學上指的是宙斯的兒子：卡斯托爾和波魯克斯。事實上，只有波魯克斯是神的兒子。

狂怒(courroux)
怒氣衝天。

邪惡(malignité)
惡毒的品行。

八 劃

來源(procèder de)
最初的開始。

亞述人(Assyriens)
美索不達米亞上方的居民，他們在公元前10世紀至前7世紀建立西亞強大的帝國。這個帝國在巴比倫人的衝擊下土崩瓦解了（公元前612年）。

亞馬遜人(Amazones)
神話傳說中以女性武士組成的民族，居住在小亞細亞。

制裁(vindicte)
對所犯錯誤的懲罰性措施。

咒語(incantation)
高聲發出具有魔力的詞句。

命定性(fatalité)
不可避免的特性。

宗教信仰(culte)
宗教儀式。

帖撒利(Thessalie)
希臘北部地區，瀕臨愛琴海。

帕拉丁(Palatin)
羅馬的山丘，是羅馬人最早的居住區。

帕爾納索斯山(Parnasse)
希臘的山地高原，靠近科林斯灣。

拉丁烏姆(Latium)
義大利中部地區，瀕臨地中海的第勒尼安(伊特魯里亞的同義詞)海。

波尼人(Pawnees)
起源於美國西部的印第安人。

波里尼西亞(Polynésie)
構成大洋洲一部分的島和群島的總稱。

法瑞斯河(Phase)
位於科爾基斯(參見此詞條)的一條河流，它在現今的里翁流入黑海。

的的喀喀湖(Titicaca)

在玻利維亞和秘魯之間安第斯山脈的大湖。

長煙斗(calumet)
裝有一根長煙管的煙斗，吸煙者拿著輪流抽。

阿哥斯(Argos)
伯羅奔尼撒半島東北山區阿戈利斯的首府。

阿基隆河(Achéron)
希臘神話中一條通往冥府的河。

阿爾卡迪亞(Arcadie)
伯羅奔尼撒中部地區。

阿爾伯(Albe)
拉丁烏姆（參見此詞條）最古老的城邦。

狒狒(cynocéphale)
一種非洲猿類，頭酷似狗頭。

九 劃

信徒(adepte)
遵守某個思想集團教規的人。

俄塔山(Œta)
塞薩利（見此詞條）的高山。

屍體保存(embaumement)
用防腐物質處理屍體，以避免腐爛。

恢復(restaurer)
使再回復到好的狀態。

春藥(philtre)
神奇的飲料。

科爾基斯(Colchide)
高加索國家之一（現分格魯吉亞的一部分），在黑海的東岸。

美索不達米亞(Mésopotamie)
近東地區的底格里斯河和幼發拉底河流域。

貞女(vestale)
維斯太女神的女祭司，承諾終身不嫁。

迦太基(Carthage)
北非城邦國家（現在的突尼斯），由腓尼基人於公元前9世紀建立。

迦勒底人(Chaldéens)
美索不達米亞下方靠近波斯灣部分的居民。

十　劃

冥府(Enfers)
死者在地下的居住地，由冥王哈德斯統治。

冥間(Au-delà)
塵世生活的延續。

原始(primordial)
最初開始時。

埃庇達爾(Épidaure)
在愛琴海上的阿戈利斯的城市。在此阿斯克利庇攸斯具有神奇的治病能力。當地的劇院（建於公元前4世紀）是建築和建築聲學上的傑作。

埃勒西斯(Éleusis)
希臘港口城市，在雅典的西北方，是蒂蜜特聖殿的所在地。

庫邁(Cumes)
坎帕尼亞（參見此詞條）的城市，舊時希臘的殖民地。

書記官(scribe)
負責記錄決議，或起草報告的官員。

柴堆(bûcher)
供點火之用。

浮雕(bas-relief)
不完全脫離石頭本身的雕塑。

涅墨亞(Némée)
阿戈利斯一個山谷的名稱，在伯羅奔尼撒半島之東。

特洛伊(Troie)
古代小亞細亞的城堡，在愛琴海附近。

真福(béatitude)
盡善盡美的幸福。

神杖(caducée)
一枝小棍，小棍的頂端是兩個翅膀和纏繞著兩條蛇。成為醫療團體的標誌。

神秘主義(mystique)
不是建立在理性之上的信仰。

神廟(sanctuaire)
舉行宗教儀式的場所。

神諭(oracle)
神在回答一個人的問題時所傳達的有關過去和未來的信息。

胸飾(pectoral)
掛在胸前項鍊上的飾物。

高加索山(Caucase)
高山山脈（最高點5600公尺），位於黑海和裏海之間。

十一劃

勒拿(Lerne)
伯羅奔尼撒半島最東端的一處沼澤地。

祭儀(culte)
宗教習俗。

荷拉斯(Horaces)
被指定代表羅馬與阿爾伯三兄弟庫里亞斯決鬥的三兄弟統帥。庫里亞斯被打敗，羅馬戰勝了阿爾伯。

被證明無罪(justifié)
一旦經過驗證，被歸入正義之人之列。

十二劃

提林斯(Tyrinthe)
阿戈利斯的城市,在阿哥斯城（參見此詞條）之東。

提洛島(Délos)
愛琴海基克拉季斯群島中最小的島嶼。

斯巴達(Sparte)
伯羅奔尼撒半島南端的城邦國家梅涅拉斯是這個國家的第十位國王。

斯提克斯河(Styx)
冥間最大的河流，它的水可以使人刀槍不入（參見此詞條）。

等同(assimiler)
視為相似。

腓阿喀亞人(Phéaciens)
愛奧尼亞海一島嶼（現今的科孚島）上的居民，該島位於伊塔克島之北。

裁決(verdict)
最後的判決。

黑曜岩(obsidienne)
顏色深暗，像玻璃般的火山岩。

十三劃

傳說集(légendaire)
圍繞同一主題而編輯的傳說。

塔爾昆(Tarquin)
伊特魯里亞人在羅馬的第一位國王。人們將許多大型的工程歸功於他：廣場的排水系統、大競技場、卡匹杜林山的朱比特神廟。

奧吉斯(Augias)
伊利斯的國王，該王國地處伯羅奔尼撒的西北。

奧秘(Mystère)
秘密知識的總稱，只有「知情者」才能揭開它們的謎底。

聖廟(sanctuaire)
在此舉行宗教儀式的建築。

葬禮(funéraille)
死人入土下葬的儀式。

農耕的(agraire)
和農業生活有關的。

遊唱詩人(aède)
希臘詩人，他一邊彈奏著里拉琴，一邊吟唱著詩歌。

預測(prophétie)
預言家（由神給予靈感的人）作出的預言。

十四劃

赫斯珀里得斯(Hespérides)
三位仙女的名稱，她們住在北非阿特拉斯山腳下一座夢幻般的花園裡。

銀河(Voie lactée)
由於群星密集而形成的一條光帶，橫貫整個天空。

齊古拉(ziggourat)
一種建築形式，由七層平臺組成，平臺的表面積逐層變小，和美索不達米亞的居民所知道的七顆行星相對應。

十五劃

儀式(rites)
在宗教禮儀中規定的做法。

廣場(Forum)
在羅馬和羅馬其他城市裡的公共集會場所。

潘提翁(panthéon)
一個宗教的全部神祇。

德落伊教祭司(druide)
克爾特人宗教的祭司。

德爾菲(Delphes)
古希臘最重要的宗教中心，地處帕爾納索斯山（參見此詞條）的山坡上。

標準(canon)
思想規則的總和。

標誌(enblème)
代表一個人和一種行動的物體。

墨西拿海峽(Méssine)
分隔西西里島和義大利的海峽。

十六劃

獨眼巨人(Cyclopes)
傳說中的巨人，通常是牧民和鐵匠，只在額頭中間長著一隻眼睛。

盧克萊西婭(Lucrèce)
遭到羅馬第七任也是最後一任國王「高傲的塔爾昆」兒子強姦後，自殺身亡。

遺棄(exposer)
特指將新生嬰兒拋棄在荒野，面臨各種危險。

十七劃

戴奧米德(Diomède)
1. 統治色雷斯的阿瑞斯神兒子；
2. 希臘英雄，在特洛伊戰爭中最勇敢的戰士之一。

磷火(feu follet)
游動的小火，由沼澤地溢出的可燃氣體燃燒而產生。原始人認為這是神靈令人不安的到來。

繁殖(prolifération)
重要的倍增生育。

褻瀆(impiété)
蔑視宗教的心理。

避免(conjurer)
避開（危險）。

邁錫尼(Mycènes)
在阿戈利斯的城市，在阿哥斯城（參見此詞條）之北。

十八劃

瀑布(cataracte)
水奔流而下。

職權(attributions)
賦予某人的特殊權力。

轉生(transmigration)
靈魂從一個肉體轉到另一個肉體。

雙刃戰斧(bipenne)
兩面都是刃口的戰斧。

二十劃

寶石(escarboucle)
紅寶石的別稱，顏色鮮紅的寶石。

獻祭(immolation)
將一個人或動物處死，獻給一位
神祇。

蘇人(Sioux)
自西向東分佈在美國的印第安人
總稱。

二十一劃

犧牲(sacrifice)
將人奉獻給神。

護身符(amulette)
被認為可用來保護佩帶者的物
品。

魔法(maléfices)
用意險惡的巫術。

魔鬼(démon)
與某人或某個集體的命運相聯繫
的神靈（基督教給他一種特別的
含義：惡魔）。

二十四劃

艷情羅曼史(roman courtois)
講述封建領主宮殿裡的尋常事。

所標頁碼為原書頁碼，從粗體號碼的書頁裡可以歸納出該詞完整的意思。

索引

97

98

索

引

99

一套專為青少年朋友

設計的百科全集

人類文明小百科

· 埃及人為何要建造金字塔？

· 在人類對世界的探索中，

　誰是第一個探險家？

· 你看過火山從誕生到死亡的歷程嗎？

· 你知道電影是如何拍攝出來的嗎？

歷史的 · 文化的 · 科學的 · 藝術的

激發你的求知慾・滿足你的好奇心

打開詩的魔法書

小心，妖怪正開始施展他的本事！

魚蝦在空中撈星星？

月亮也鬧雙胞？

哇！我的夢還會在夢中作夢！

國內著名詩人、畫家

一起彩繪出充滿魔力的夢想，

要讓小小詩人們體會一場前所未有的驚奇！

國家圖書館出版品預行編目資料

神　話／Georges Hacquard著；沈堅譯.
　　－－初版.－－臺北市：三民，民87
　　面；　公分.　－－（人類文明小百科；17）
　　含索引
　　譯自：Les grandes mythologies
　　ISBN 957-14-2828-0（精裝）

1.神話

280　　　　　　　　　　　　　87004002

網際網路位址　http://sanmin.com.tw

© 神　　話

著作人　Georges Hacquard
譯　者　沈　堅
發行人　劉振強
著作財
產權人　三民書局股份有限公司

　　　　臺北市復興北路三八六號
發行所　三民書局股份有限公司
　　　　地　址／臺北市復興北路三八六號
　　　　電　話／二五〇〇六六〇〇
　　　　郵　撥／〇〇〇九九八――五號
印刷所　臺北市復興北路三八六號
門市部　復北店／臺北市復興北路三八六號
　　　　重南店／臺北市重慶南路一段六十一號
初　版　中華民國八十七年五月
編　號　S 04017
定　價　新臺幣貳佰伍拾元整

行政院新聞局登記證局版臺業字第〇二〇〇號